Arrêtons de manger de la merde !

Du même auteur
aux Éditions J'ai lu

FAITES VOTRE MARCHÉ AVEC JEAN-PIERRE COFFE
N° 7154

LE PLAISIR À PETIT PRIX
N° 9343

RECEVOIR VOS AMIS À PETIT PRIX
N° 9678

JEAN-PIERRE

COFFE

Arrêtons de manger de la merde !

DOCUMENT

J'AI LU

Sommaire

Préface

« On bouffe de la merde, tout est dégueulasse ! » Voilà ce qu'on peut entendre. La même rengaine dans toutes les couches de la société. Qui sont les responsables de ce leitmotiv ? En France, il faut toujours trouver des responsables. Les boucs émissaires sont rapidement identifiés : l'industrie agroalimentaire et la grande distribution. Toujours la même chose, on ne cherche plus, on a trouvé. Alors, tapons dessus !

J'ai essayé d'analyser, avec responsabilité, les griefs des uns et des autres, et je n'ignore pas que cela peut paraître paradoxal, dans la mesure où je collabore avec Leader Price. Quels sont mes arguments pour m'engager dans une telle démarche ? Depuis quatre ans, j'ai visité plusieurs dizaines d'usines, d'ateliers d'artisans, d'élevages et d'abattoirs. Ils travaillent pour toutes les grandes enseignes sans exclusivité. J'ai créé et permis d'améliorer bientôt 2 000 produits pour cette enseigne, en éliminant l'huile de palme et les produits chimiques. Je prétends connaître les méthodes des uns et des autres. Je reconnais volontiers que, dans tous ces contacts, je n'ai pas vu que des modèles, des exemples, mais ils ne sont pas tous aussi démoniaques et pervers que la *vox populi* et les médias veulent bien le laisser croire. J'affirme ne pas avoir vendu mon âme au diable, comme d'aucuns le prétendent. J'ai simplement décidé, quand l'occasion m'a été offerte, d'élargir mon champ d'action. Personne ne peut nier que, depuis trente ans, je me bats pour défendre la qualité de l'alimentation de mes contemporains. Mon spectre d'investigation et d'enquête s'étant ouvert, j'ai accepté les propositions qui m'étaient faites : permettre aux plus démunis de manger convenablement, à un prix juste, des produits respectueux de leur santé. Pourquoi voulez-vous qu'il y ait, pour ceux-là, une fatalité à bouffer de la merde ?

Avant toute condamnation, il est bon que les nouvelles générations le sachent : après la dernière guerre mondiale, le pays était exsangue et nos campagnes dévastées, nos adversaires s'étaient emparés du meilleur de notre cheptel. Notre industrie était détruite, les bras manquaient pour faire redémarrer les activités agricoles et industrielles. Nos alliés américains, prospères, se sont proposés pour nous aider. Trop heureux, nos politiques ont accepté, essentiellement par nécessité, mais sans se douter qu'ils allaient imposer un bouleversement complet de nos modèles et de nos spécificités. Avec eux, nous sommes entrés dans une ère agricole et industrielle, robotisée, marketée, calibrée, dont nous subissons toujours les conséquences.

Ces évolutions furent rapides et brutales. L'agriculture a découvert la stabulation – autrement dit l'abandon de l'herbe –, la Holstein pisseuse de lait et la mécanisation. Le monde agricole s'est jeté avec délectation dans le productivisme. Tout comme le monde industriel, qui rebâtissait les usines, s'équipait de matériels techniques performants et découvrait la rationalisation. Nos concitoyens étaient heureux, après une période de rationnement, ils mangeaient à leur faim et trouvaient du travail confortablement rémunéré. Reconnaissons que tout le monde a cru à ce nouvel eldorado, inconnu jusqu'alors.

Les commerçants de bouche avaient à nouveau le sourire : le crémier vendait du lait à la louche et pouvait fabriquer des œufs au lait dans sa cuisine sans se douter que la sécurité alimentaire l'en empêcherait ; le boucher faisait tuer dans un abattoir de proximité des bêtes qu'il avait choisies au pré, et il n'imaginait pas qu'un jour il serait obligé d'abandonner son couteau pour une machine à hacher ; les marchands de fruits et légumes ignoraient tout de la désaisonnalisation, ils vendaient des fruits cueillis à maturité par des producteurs respectueux. Tout le monde était heureux, les bas de laine se remplissaient à nouveau, l'hygiénisme et la normalisation ne s'étaient pas encore abattus sur leurs petits commerces.

Carrefour, la première enseigne de ce qu'on allait appeler « la grande distribution », fut créé à l'initiative de deux épiciers qui avaient découvert aux États-Unis les nouvelles méthodes de vente. Au début, seuls les produits alimentaires étaient disponibles, mais très vite, répondant à la demande des consommateurs, le premier Carrefour s'est agrandi et a proposé de l'électroménager, de l'habillement, de l'outillage et de la vaisselle, etc. Les périphéries des villes se sont construites, les enseignes de la grande distribution se sont multipliées : il fallait bien approvisionner tous ces nouveaux habitants. La déstabilisation des commerces urbains et ruraux pouvait commencer.

Se pose-t-on la question de savoir qui a toléré le développement anarchique de la grande distribution ?

Qui a accordé les permis de construire ? Le pouvoir politique, les maires, les conseillers généraux. Tout le monde voulait son enseigne, si possible dans la périphérie, sans imaginer qu'elle détruisait le commerce local, la convivialité, les relations de voisinage.

Nous vivions des années « glorieuses », la course au profit était dans les starting-blocks, plus on vendait, plus on voulait gagner. Les centrales d'achat et les coopératives firent leur apparition, inquiètes de voir les profits du commerce, elles voulaient aussi en profiter. Les industriels se sont équipés, agrandis, largement robotisés, pour répondre à la demande du nouveau commerce, qui exigeait des volumes de plus en plus importants en échange de prix de plus en plus bas. Le gâteau des profits grossissait, chacun en voulait un morceau, si possible une part plus grosse que celle de son voisin.

Aucun des protagonistes ne voulait céder ne serait-ce qu'un petit bout de ses profits, et personne n'avait appréhendé les crises qui allaient s'ensuivre. Chacun de son côté a cherché des solutions, les coopératives agricoles se sont délocalisées, les industriels aussi, sans se rendre compte que, en profitant de la main-d'œuvre étrangère, ils ouvraient la porte au chômage, qui toucherait toutes les couches du monde agroalimentaire et industriel.

Les producteurs de tomates, de melons, de fruits et de légumes ont accepté que leurs propres coopératives aillent produire des fruits et des légumes concurrents dans l'autre hémisphère, engendrant la désaisonnalisation. Les industries ont cessé d'investir dans leurs usines, puisque les pays émergents s'en chargeaient en échange de leur technologie. La grande distribution exigeait des prix de plus en plus bas. La dégradation de la qualité des produits s'est développée à grande vitesse. Les agents de synthèse chimiques ont remplacé les intrants naturels, et, très rapidement, la moindre tentative de vertu dans l'alimentation fut anéantie. L'emploi des engrais, des pesticides, des insecticides, des améliorants et des colorants a gagné la partie ; adieu le respect de la santé, le goût, et le plaisir. Les pouvoirs publics n'ont rien fait pour arrêter la débâcle, ils se sont engagés dans la course, encourageant la nourriture industrielle dans les écoles, les collèges, les universités, les hôpitaux, les maisons de retraite, les prisons. L'Europe n'a pas empêché non plus la sinistre spirale.

Nous en sommes là. Qu'ont fait les consommateurs ? Se sont-ils révoltés ? Quand ont-ils défilé ? Ont-ils réfléchi avant de mettre leur bulletin de vote dans l'urne ? Si peu. Ils se sont réfugiés dans la nouvelle niche – le bio –, sans réfléchir à ce que c'était effectivement. Est-ce vraiment un progrès ? Une perspective réaliste d'un monde meilleur ? Sans doute. Est-ce que l'ensemble des partenaires est prêt à jouer le jeu ? À éviter les magouilles, la triche ? Rien n'est encore prouvé.

Arrêtons de subir ! Les géants de l'agroalimentaire exploitent toutes les cachettes possibles de la rentabilité ; les magnats de la grande distribution jouent les diktats des prix ; les lobbies prennent tout le monde en tenaille. Pendant ce temps, les petits agriculteurs et producteurs pleurent la misère. La recherche du prix, par tous les moyens, a un corollaire : la destruction de la qualité, et celle de l'entreprise. Y a-t-il une solution ? Oui. Est-elle utopique ? Il faut essayer.

Si les pouvoirs publics avaient le courage de réunir producteurs, transformateurs et distributeurs autour d'une table et que chacun jouait le jeu de la transparence, étalait ses prix de revient et ses marges, et qu'ils se mettaient d'accord pour acter pour une rentabilité digne. Est-ce utopique ? Si tous prenaient la responsabilité de neutraliser le coût de l'énergie et de supprimer les intrants, ne serait-ce pas une occasion pour assainir le marché ? Tous autour d'une table, sachant que les discussions sectorielles n'aboutissent à rien, sinon à déglinguer le système. Est-ce utopique de vouloir réinventer un modèle ? C'est seulement difficile, et particulièrement en France : les mentalités sont dures à faire évoluer et les habitudes difficiles à changer. Cela est d'autant plus difficile que le président de la FNSEA (Fédération nationale des syndicats d'exploitants agricoles) est également un industriel de l'agroalimentaire. Pourtant, nous disposons dans ce pays de tous les éléments pour réussir. Certains jouent le jeu, de plus en plus nombreux. Nous avons le savoir-faire, que tout le monde l'utilise !

Le combat pour une bonne alimentation est exaltant, ne pas y participer est suicidaire pour nos enfants. Si nous laissons faire, la France va devenir un immense grenier à blé et à céréales, on importera la viande, le lait, les fruits, et toute la richesse de la filière agricole aura disparu. Réfléchissons à l'incohérence du système : il encourage, entre autres, à utiliser des biocarburants, d'un côté, et conforte les lobbies céréaliers à gaver les bêtes d'ensilages de maïs en même temps. Ce n'est qu'un exemple.

Je suis convaincu qu'il est encore possible d'inverser la tendance, de préserver la diversité. Courage ! Nous étions le pays du bon sens, restons-le.

Chapitre premier
Les produits laitiers

Le lait

Commençons par le lait. Si on écoute les conversations de certains professionnels de la filière laitière – sous réserve de faire semblant de ne pas y prêter attention –, on va de surprise en surprise. Ils prétendent que le lait est mort, et néanmoins se réjouissent et crient haut et fort : « vive le lait ! » Quant aux contempteurs, ils ne ménagent pas leurs critiques ; pour eux, le lait « n'est pas digeste », il ronge notre santé, « un poison mortel, un danger pour les femmes, les enfants... ». Ils ajoutent même, comme si la brutalité des attaques n'était pas suffisante, qu'« il provoque des allergies »... D'après les laitiers, ces critiques sont sans fondement. Tentons de comprendre pourquoi, entre les professionnels et les ennemis du lait, il y a un tel abysse.

Essayons de faire le point sur la réalité du marché.

Chaque année, 24 millions de tonnes de lait sont produites en France, 4 millions de vaches laitières sont nourries à l'ensilage de maïs et aux tourteaux de soja. Un agriculteur sur cinq est un éleveur laitier, l'industrie tient la deuxième place dans l'agroalimentaire (les yaourts, le beurre, le fromage et les dérivés compris), et le numéro un mondial des produits laitiers est Danone, la marque préférée des Français.

Au vu de ce qui précède, on peut conclure que, pour certains, le lait ne mérite pas d'être bu, il n'est pas bon, alors que, pour d'autres, il y a intérêt à ce qu'il le soit, bu !

À la fin de la Seconde Guerre mondiale, on a développé dans l'agriculture un intense productivisme, sous prétexte de nourrir les Français, alors que la raison principale était en réalité de faire vivre les producteurs, quitte à éliminer tout souci de qualité. Les raisons invoquées manquent d'indépendance d'esprit, de réalisme et de perspective à long terme, car la réalité était tout autre : les consommateurs français buvaient peu de lait. Ils en boivent de moins en moins. Si les paysans ont eu tendance à délaisser la production laitière, très contraignante en temps passé, ils se sont dirigés vers la production de viande, plus rémunératrice. Ces constats étaient connus, et pourtant les planificateurs de l'époque, les beaux penseurs de l'agriculture, ont décidé de développer la production de lait. Il a bien fallu accélérer la cadence, nos races laitières traditionnelles étaient limitées à 2 500-3 500 litres par an, aussi on a cherché et trouvé une usine à lait sur pattes, la pisseuse de lait, la Prim'Holstein : 10 000 litres de lait par an, un standard. Certaines championnes de la catégorie ont réussi à atteindre 18 000 litres de lait. La conséquence de cette superproduction est la médiocrité de la qualité du lait, devenu insipide et vendu en dépit du bon sens. Alors qu'un texte du 3 juillet 1947 de la Commission de la famille, de la population, et de la santé publique précise : « D'heureux indices nous permettent d'envisager une amélioration de la natalité française, mais nous avons l'impérieux besoin d'assurer la vie de ces heureux petits enfants [...] c'est pourquoi il nous faut assurer du lait en quantité et en qualité ». Visiblement, le planificateur de l'époque ne sait pas que le lait de vache ne convient pas aux nourrissons. Défendre la santé et le moral en assurant à des milliers d'agriculteurs modestes un revenu régulier et une amélioration du niveau de vie : une idée politique. Créer une sorte de salaire de l'éleveur, fort bien, une paie mensuelle grâce au lait, parfait. Personne n'a pensé qu'on était en train de mettre en œuvre la machine à produire l'incohérence.

Le gouvernement privilégie la production laitière en garantissant le prix du lait, mais comment éviter la hausse des prix à la consommation ? Tout simple, me direz-vous, subventionnons le prix du lait destiné au beurre. Eh oui, de 1945 à 1950, le prix du lait était taxé. La modernisation de l'ensemble de l'agriculture française était incontestablement une idée nécessaire. Sacrifier les races mixtes, bouchères et laitières, comme la normande, au profit d'une race unique, seulement laitière, hors la Prim'Holstein, ne l'était pas. Assurément, les planificateurs de l'époque se sont largement trompés, nous en payons les conséquences.

Les instigateurs de cette « nouvelle agriculture » remettent en cause les troupeaux qui allaitent : modèle classique d'une vache de race, destinée à la boucherie, qui nourrit son veau, lequel sera engraissé pour devenir, s'il est mâle, et après avoir été castré, un bœuf de trois ans, dont la viande sera de qualité. Ces fossoyeurs, en supprimant les races à viande, mettent en place, sans le savoir, ou alors c'est pire, le système qui va pervertir l'élevage français et qui accrédite l'idée que la viande ne peut pas provenir d'un élevage spécifique destiné à la viande mais, au contraire, être un sous-produit du lait, issu de vaches de race laitière.

Avec la mise en place de cette politique, la notion même de goût et de qualité a disparu, jusque dans les étables. On rêve de mécanisation, de stabulation libre ou entravée, de « zéro grazing » (pas de pâturage), d'insémination artificielle, d'ensilage, de PSC (produit de substitution aux céréales).

Les éleveurs savent bien que le goût du lait varie selon la nourriture des animaux mais, comme les techniciens agricoles assènent, péremptoires, des vérités scientifiques contraires à la nature, personne n'ose les contredire. Surtout pas les paysans. Voilà, historiquement, le début de l'ère du mépris du consommateur, qui ne fera que s'accélérer au fil du temps sous le diktat suivant : « Consommateurs de tous pays, achetez et mangez ce que l'on produit et fermez vos gueules. » Les bonnes intentions sont passées à la trappe – mais y en a-t-il jamais eu ? La qualité et la santé publique aussi.

Au fil du temps, le lait cru a disparu. On assiste depuis quelques années à une tentative de retour, mais elle est si modeste qu'elle en devient presque inexistante. Le lait est pasteurisé, essentiellement pasteurisé, quasi uniquement pasteurisé, qu'il soit vendu entier, demi-écrémé ou écrémé. Si vous vous avisez de vous informer sur la matière grasse contenue dans un litre de lait demi-écrémé, vous risquez d'entendre comme réponse « eh ben la moitié, 50 %, non, 25 %, mais non, 50... » N'importe quoi !!! Si on parlait encore du lait à l'école, on se souviendrait que le lait n'est pas un produit riche en matières grasses, et on n'aurait pas oublié qu'il est composé de 87 % d'eau et que cette eau véhicule des vitamines hydrosolubles (essentiellement du groupe B). Le lait entier est le plus gras des laits, il contient 3,5 % de matières grasses, le demi-écrémé 1,6 %, et l'écrémé 0,1 %, autant dire 0. Quand vous avez intégré ces données, vous vous demandez pourquoi on continue à boire du lait écrémé. Si on est malade, oui, mais sinon... ?

Comme on n'a pas appris, on ne trouve personne, sauf quelques scientifiques, capable de faire ce distinguo, d'autant que la communication en matière de lait est plutôt nulle. Pourquoi nulle ? Parce que personne n'a cherché une différenciation claire et pratique d'identification du produit. Les producteurs de lait se sont inspirés du *traffic light* anglo-saxon. Autrement dit, le bouchon rouge n'est pas bon pour la santé, le bleu est passable et le vert excellent. L'art de se tirer une balle dans le pied. Le bouchon rouge laisse à penser aux consommateurs « danger », « pas toucher », « pas boire », alors qu'il s'agit juste de lait entier.

Un autre facteur, technique celui-là, encourage la médiocrité. C'est l'invention, en 1951, par les Suisses, du procédé de stérilisation à haute température UHT. Le principe consiste à porter le lait par l'intermédiaire de vapeur d'eau sous pression injectée directement à 150 °C pendant deux secondes, puis à le refroidir brutalement en le projetant dans une chambre à vide. Ce traitement a pour but la destruction de tous les germes, sans modification du goût ni de la valeur nutritionnelle du lait. Beau principe, tu parles ! On peut le croire, à condition de ne pas déguster de lait cru pour faire la différence et de ne pas oublier, surtout, que la haute température détruit une bonne part des vitamines B1, B12 et C. Ce qui a entraîné pour les industriels l'obligation de réintroduire dans le lait UHT des vitamines et des sels minéraux.

À défaut de lait cru, achetez donc du lait entier.

Il y a effectivement surproduction de lait, donc il faut le vendre, mais comment faire ? Alors que les producteurs savent bien que ce qui sort du pis de leurs vaches est sans odeur et sans saveur. Après avoir écouté les planificateurs, les techniciens agricoles ont fait appel aux marketeurs. Eh oui, en dernier ressort, on s'adresse au marketing. Comment attirer le consommateur ? Simple, proposons-lui des « nouveautés », appelées pudiquement produits innovants. Oui, mais innover en matière de lait, il faut de l'imagination. Les producteurs avouent aux marketeurs qu'il n'y a plus rien dans le lait, il est vide, c'est pour ainsi dire de l'eau. Eurêka, si c'est vide, il faut enrichir le vide. C'est ainsi que sont nés les laits « enrichis ». Si c'est enrichi, c'est meilleur, si c'est meilleur c'est plus cher ; mais comment l'enrichir ? C'est là qu'interviennent les chercheurs. Puisqu'il n'y en a plus dans le lait, enrichissons-le en vitamines. Voilà la belle idée lancée, l'escroquerie intellectuelle est en marche, la publicité entre dans la danse. Les laits « enrichis » : la santé. On oublie simplement de préciser au consommateur qu'à l'exception de la vitamine D, qui aide à fixer le calcium et peut faire défaut à certains, les vitamines sont suffisamment présentes dans une alimentation variée. On se garde bien de préciser qu'aller chercher dans le lait des éléments rajoutés artificiellement et qui ne correspondent à aucun besoin particulier se définit par « se foutre de la gueule du monde ».

Ces laits enrichis en vitamines ne répondent à aucune logique. Après, on a inventé les laits « enrichis en minéraux ». Magnésium, calcium sont rajoutés, mais en quantité très limitée, et sûrement pas plus riche qu'une référence standard. Jackpot ! Une fois, deux fois. C'est trop beau, essayons une troisième. Le lait « enrichi en omégas 3 ». Comment est-ce qu'on peut bien enrichir du lait avec des omégas 3 ? Plusieurs solutions : on nourrit les vaches avec des fourrages riches en omégas 3, des graines de lin par exemple, très chères, trop chères comparé à l'ensilage de maïs. Soit, rajoutons de l'huile de poisson dans le lait.

Si on veut des omégas 3, mangeons des sardines, c'est plus naturel et c'est plus vrai.

Le gogo consommateur suit toujours, tentons un nouveau coup de bluff, les laits « enrichis aux protéines ». Quelles protéines ? Nos besoins en sont largement couverts par une alimentation normale. Voilà de la belle arnaque, bien faite, bien rentable : chapeau les artistes. On pourrait très bien imaginer que, après ces quatre coups gagnants, on s'arrêterait satisfait, poches pleines. Pas du tout ! Il faut surfer pour s'enrichir, sans enrichir le lait, sur la vague bio. Le lait bio, c'est le miracle, Jésus. Le lait bio représente 100 000 vaches, élevées selon les règles de l'agriculture biologique, soit 332 millions de litres de lait pour faire plaisir aux défenseurs de l'agriculture biologique ! La production est très encadrée, les éleveurs n'utilisent ni engrais, ni pesticides, ni traitements médicamenteux pour les vaches. Quand on examine la différence entre les laits conventionnels et les laits biologiques, on s'aperçoit combien les différences organoleptiques sont minces, quasi inexistantes, mais les aficionados du bio sont accros et acceptent de payer leur lait plus cher. On a simplement oublié de leur dire que 25 % du lait bio consommé en France est importé. D'où ? Comment ? Sous quel contrôle ? Demandez aux embouteilleurs, ils ont sûrement une bonne réponse, mais ne sont pas prêts à nous la donner.

Demandons-nous plutôt pourquoi on n'a pas entrepris de reconvertir en bio quelques exploitations plutôt que d'importer un produit dont la référence est excédentaire. On oublie que 40 % de la production de lait est exportée. Les produits bio sont en général mieux rémunérés, ce qui devrait inciter les agriculteurs à se précipiter sur ce type d'agriculture. Malheureusement, la période de reconversion en bio est de trois ans (elle a été de quatre), pendant laquelle le prix du lait n'augmente pas et les rendements diminuent, d'autant que la prime à la reconversion est dérisoire. Pourquoi s'embêter ?

Avec le lait on semble marcher sur la tête, surtout depuis que la surproduction subventionnée a été décrétée. Depuis très longtemps, donc, nous produisions du lait sans pouvoir ni le consommer, ni le vendre, quelles que soient les innovations marketing. Alors ? Stocker du lait ? Pas facile ! Le transformer en beurre ? Difficile à écouler. Faisons appel à l'imagination. Et si on séchait le lait ? On obtiendrait de la poudre, plus facile à stocker que le liquide, et probablement d'une commercialisation plus aisée à l'export. Les pouvoirs publics y croient et encouragent les coopératives laitières à investir dans de grandes unités de séchage de lait. Pour l'État, encourager, c'est subventionner. On a simplement oublié d'imaginer que si en France on avait une idée, les autres pays excédentaires en productions laitières pouvaient également l'avoir. D'où, très rapidement, de la poudre de lait en excédent, partout. Les frigos de la communauté européenne sont pleins de poudre de lait, qui va bien pouvoir la consommer ? Encore une fois, faisons appel à l'imagination. Les veaux. Quoi, les veaux ? Eh oui, les veaux. Vendre aux éleveurs du lait en poudre, moins cher que le lait de leurs propres vaches. Pourquoi les éleveurs n'achèteraient-ils pas de la poudre pour nourrir leurs veaux alors qu'ils disposent du propre lait de leurs vaches ? Pour faire passer la pilule, subventionnons les fabricants de poudre de lait. C'est la prime à la dénaturation (notons au passage que c'est la deuxième subvention pour les fabricants de boîtes de lait) ainsi que pour les coopératives laitières déjà aidées pour transformer le lait en poudre. Vous vous demandez ce que peut bien être la dénaturation ? C'est assez simple. On fabrique du lait en poudre avec du lait écrémé servant à fabriquer le beurre – il faut bien continuer d'alimenter les excédents de beurre qui, eux aussi, encombrent les frigos de la communauté. Mais comme pour engraisser des veaux il faut du lait avec un taux de matières grasses suffisant, il faut donc reconstituer – ré-engraisser la poudre de lait, en quelque sorte. Mais avec quoi ? Puisqu'on a déjà utilisé la crème pour fabriquer du beurre ? Avec des résidus d'abattoir et d'équarrissage. On manque de résidus d'origine animale ? Pas grave ! On ajoute des suifs d'origine végétale, une pincée de sels minéraux, une pointe de vitamines. Grâce à la prime, on réussit à obtenir avec un litre de lait dénaturé, mais reconstitué, un litre de lait de vache moins cher. Toutes ces fantaisies subventionnées mèneront à la crise de la vache folle, catastrophique pour la viande et le lait, mais surtout à la mise en place des célèbres quotas laitiers.

Le lait a un prix très volatil. Les éleveurs en colère, qui déversent leurs productions devant les préfectures, le ministère de l'Agriculture ou les rues de la capitale, en témoignent. Depuis les quotas, le cours du lait est implacable. Prenons un exemple, celui de Senoble, l'un des plus gros fabricants de yaourts en MDD (marque de distributeur). Il produit des tonnes de yaourts, de très gros volumes, vendus à des marges très courtes, mais comme il faut bien adapter ses prix de vente en fonction du prix du lait, les prix de revient – et par conséquent les marges – sont bousculés. Ces distributeurs veulent bien baisser les prix, mais les augmenter relève du non-sens pour eux. La seule solution pour Senoble est de payer le lait moins cher aux producteurs qui, eux, s'y refusent. Conséquence, il a été obligé de vendre à Agrial, une importante coopérative laitière. Le problème ne changera pas, on précise en coulisse : « À chaque fois que le privé vend à la coopérative, c'est que le secteur devient moins bon. » On peut effectivement imaginer que, dans un premier temps, la coopérative va tirer facilement une baisse de prix à ses producteurs. On criera victoire et on prétendra avoir bien fait de ruiner en partie un industriel. Mais comme souvent, on n'anticipe pas, il est probable qu'à terme toute la chaîne yaourt baisse en valeur, que la part du chiffre d'affaires chute, et par conséquent que les industriels n'investissent plus et n'innovent plus. On recherchera alors des matières premières à bas prix. Imaginons le pire, on fabriquera des yaourts ailleurs avec du lait en poudre (comme cela se fait déjà) et on les importera. Senoble n'a pas résisté, dommage, il faisait du bon travail.

On peut se demander raisonnablement pourquoi, quand les marchés sont en forte croissance, tout le monde produit sans frein, les industriels foncent tête baissée, entraînant dans leur sillage les agriculteurs endettés.

Consommateurs, on vous propose des prix bas, attrayants, utiles souvent quand votre bourse est vide, mais les produits à prix trop bas sont souvent fabriqués avec de la merde, voilà comment vous en mangez.

Le yaourt

Le yaourt a une image rassurante pour les consommateurs, c'est un produit sain, authentique, et pourtant le yaourt cache bien son jeu. Chacun sait que sa recette est millénaire, artisanale, mais que maintenant il se fabrique à l'échelle industrielle. Tout comme le lait, il est d'apparence simple : tout ce qu'il faut pour exciter le marketing et l'industrie agroalimentaire. Les Français ont mis longtemps à y prendre goût. Pendant des siècles, ils ont méprisé, ignoré le yaourt, pour en faire en trente ans un produit de masse, une référence incontournable du panier de la ménagère. En France, la consommation des yaourts est passée de 4 kg en moyenne, par habitant, en 1966, à plus de 21 kg, aujourd'hui. Les produits pouvant prétendre à une croissance à deux chiffres sont rares. Comment en est-on arrivé là ? Tout d'abord, le yaourt a su se diversifier, innover, et surtout communiquer. Le PNNS (Programme national nutrition santé) ne nous assène-t-il pas qu'il est « recommandé de consommer du lait et des produits laitiers trois fois par jour » ? La surproduction du lait est telle qu'il faut bien écouler les stocks ! Quand la consommation se développe, que tous les voyants sont verts, les industriels foncent tête baissée. Ils investissent bien au-delà de leur capacité, en espérant que le marché suivra, sans s'imaginer ni se soucier que les lendemains peuvent déchanter. Aujourd'hui, en France, il y a 300 000 tonnes de surcapacité de production de yaourts.

Après avoir réussi un bond foudroyant, comme nous l'avons vu ces dernières années, la consommation des yaourts stagne, et les innovations fléchissent. Mais personne n'a l'air de se demander pourquoi les ventes ralentissent. Non, personne n'avoue qu'en matière de yaourt on s'est bien moqué du consommateur, on lui a fait avaler n'importe quoi, et même davantage.

Le coup des « enrichis » avait bien fonctionné pour le lait, il n'y avait donc pas de raisons de ne pas le tenter pour les yaourts. Les yaourts au calcium ont fait florès. Tout le monde sait que notre organisme a besoin de minéraux pour vivre, et notamment de calcium. Alors, pour crédibiliser le yaourt au calcium, rien de mieux que de faire appel à des cautions scientifiques. Ça fait sérieux, honnête, et le gogo doit pouvoir mordre à ce gros hameçon. Les nutritionnistes – évidemment payés par la filière – se gardent bien de préciser qu'on trouve du calcium dans les légumes, notamment ceux qui sont issus de la famille crucifère (brocolis, choux de Bruxelles, etc.), ni que 100 grammes de choux chinois apportent plus de calcium qu'un verre de lait. L'opération yaourt-calcium est bien montée, d'autant que certains directeurs scientifiques de l'AFSSA (Agence française de sécurité sanitaire des aliments), devenue l'ANSES (Agence nationale chargée de la sécurité sanitaire de l'alimentation), font partie du conseil scientifique de Danone. On peut considérer que tout cela est bénin, et qu'après tout, si on mange trop de yaourts au calcium, il n'y a pas de drame. Mais le matraquage argumentaire jette le doute sur un produit dont les qualités sont indéniables. Les procédés de fabrication, tout au moins en France, sont très bien maîtrisés.

Du yaourt au calcium, passons au yaourt aux fruits. Il est évident qu'on peut se faire plaisir en mangeant un yaourt aux fruits : en achetant un yaourt neutre et en rajoutant de la confiture maison ! Mais si vous voulez absolument consommer des yaourts aux fruits industriels, soyez vigilant, lisez les étiquettes, et sachez qu'en général les fruits arrivent du Portugal ou de Grèce sous forme de confitures ou de fruits surgelés. En effet, on introduit d'abord la confiture ou les fruits dans le fond du pot et le yaourt par-dessus, jusque-là, c'est normal, mais les confitures sont médiocres et les fruits cueillis bien avant maturité sont sans goût. Quelques arômes rectifient bien le parfum de fruit. L'important c'est le marquant, autrement dit les morceaux de fruits. Le consommateur doit faire le rapprochement entre la photo imprimée sur le pot et le contenu. Si vous lisez les étiquettes, là vous constatez que, selon les marques, le pourcentage de fruits ou de confitures varie : 7 % pour le bas de gamme, 20 % pour un produit plus noble. Ne cherchez pas trop à faire la différence entre un produit de marque nationale et un produit MDD (marque de distributeur), il n'y a de vraie différence que sur les premiers prix. Entre les produits standard et premium, pas de différence, d'autant qu'ils sont fabriqués dans les mêmes usines, dans un même espace, et qu'en général seule l'étiquette du distributeur change. Les recettes aussi, quelquefois un peu plus de sucre par-ci, moins de fruits par-là, mais les matières premières et les procédés de fabrication restent les mêmes. Ne vous imaginez pas que le monde du yaourt est un monde merveilleux ; il y a de l'arnaque, et c'est vraiment au rayon des allégés et minceur qu'elle est peut-être la plus patente.

Allégé, light, minceur, aromatisé, arôme chimique ou artificiel

Comme leurs noms le suggèrent et comme le marketing et la publicité vous y encouragent, vous imaginez que ces produits-là sont pauvres en matières grasses. Le yaourt standard en contient au maximum 4 %. Sur les yaourts les plus riches, la différence se joue à une dizaine, voire à une vingtaine, de calories. Effet light, placebo, leurre, réussi ! Bravo les gars, bien joué ! Un inconvénient, toutefois, quand on retire une certaine quantité de graisses, même infime, on perd de la texture. Qu'est-ce qu'on fait ? Certains remplacent le taux de matières grasses par des glucides. Ni vu, ni connu, je t'embrouille, personne ne lit les étiquettes. Vous avez acheté un yaourt moins bon, plus cher, et surtout, qui n'est pas moins calorique. Autrement dit, le contraire de l'opération que vous avez voulu mener. C'est de la belle arnaque, non ?

Malheureusement, ce n'est pas la plus spectaculaire. Les yaourtiers ont fait mieux ! Poussons notre caddie un peu plus loin dans le rayon : à côté des allégés apparaît une autre catégorie. Ceux-là, on les range sous la bannière des « alicaments ». Tout le monde s'intéresse à sa santé, mais dire que « le yaourt est bon pour la santé », c'est pousser le bouchon un peu loin, pis, affirmer qu'il va « guérir les écrouelles », c'est le pousser beaucoup trop loin. Il est peut-être temps de cesser de prendre les consommateurs pour des cons. La fête du yaourt-santé a duré une quinzaine d'années, pendant lesquelles les leaders du secteur ont allégrement surfé sur la vague, faisant progresser leurs business de 5 % par an. Petit à petit, ces affirmations ont été comparées à de la publicité mensongère. On a commencé à se demander si les arguments apportés n'étaient pas que des supputations marketing, sans fondements scientifiques réels.

Racontons maintenant, si vous le voulez bien, l'histoire exemplaire d'Actimel (lait fermenté). Un beau jour de 1997, Danone, leader mondial des produits laitiers, lance Actimel, un lait fermenté contenant un ferment breveté par Danone, *le Lactobacillus casei* Danone. Les marketeurs et les publicitaires du géant de l'industrie n'y sont pas allés avec le dos de la cuillère. L'imagination a été sans limite. Lisez les slogans : « Grâce à ces milliards de ferments exclusifs *L. casei Danone Actimel* vous aide à bien commencer la journée », « aide votre corps à lutter contre certaines agressions du quotidien », et « aide à la régulation du système immunitaire ». Et puis, patatras ! Toutes ces belles allégations santé autour de ce produit ont été retoquées par l'EFSA (l'autorité européenne de sécurité des aliments). Quel camouflet pour le leader mondial du yaourt. Pour la première fois de son histoire, et rapidement, il lui a fallu rétropédaler et supprimer ces allégations de ses publicités.

Il a fallu treize ans pour prendre cette décision promue comme énergique, mais malgré tout peu médiatisée. L'effet escompté n'a pas eu lieu, et le consommateur a peu changé ses habitudes. Certes, les témoignages de femmes de moins de 50 ans, qui vantaient les effets bénéfiques de ces yaourts sur leur digestion, n'encombrent plus les écrans publicitaires, mais ces spécialités laitières existent toujours. Il y a maintenant une réglementation européenne qui stipule que les arguments comme « réduit le cholestérol », « lutte contre le vieillissement » ou « facilite la digestion » doivent être validés auprès de l'EFSA. Le groupe Danone s'est entêté, mais sans succès, sur les yaourts-santé. La collection Activia, Actimel, et Danacol méritait bien qu'on y ajoute un quatrième ou un cinquième produit avec des allégations plus atténuées, mais toujours aussi contestables : le lancement du yaourt *Essensis*, « un nutri-cosmétique » – chic, non ? –, était censé « nourrir la peau de l'intérieur ». Quelle était bonne, cette idée ! Seulement elle n'a pas fonctionné, il a fallu renoncer. La dernière création, *Densia*, le yaourt « qui aide à garder des os solides », bien ciblée – ménagères de 50 ans –, n'a pas convaincu non plus. Les marques alimentaires semblent avoir compris, elles font maintenant profil bas sur la santé. Quant aux consommateurs, pas si naïfs que ça, ils se sont rendu compte que des produits à des prix plus élevés (créant des marges fortes) n'avaient pas forcément plus d'intérêt que des produits standard, et qu'aucune efficacité n'était prouvée. Ils s'en sont détournés.

Pas d'inquiétude pour Danone, qui reste la marque préférée des Français.

Une autre catégorie de yaourt se vend bien, celle des yaourts aromatisés. Arôme. Le vilain mot est lancé. Les arômes sont les cache-misère de l'agroalimentaire. Arrêtons de prendre les vessies pour des lanternes, éclairons. Prenons un exemple : vous achetez un yaourt à l'abricot, sur le packaging, une belle photo d'un abricot coloré, juteux... de l'envie. Ce yaourt est estampillé d'une mention : arôme naturel. Spontanément, vous imaginez que le parfum de votre produit laitier a été confectionné à partir d'un abricot cueilli mûr. Erreur ! « Arôme naturel » veut simplement dire que ce dernier n'a pas été obtenu chimiquement mais à partir de micro-organismes, autrement dit des êtres vivants, tout comme les plantes ou les animaux, mais microscopiques. Ces arômes naturels peuvent être fabriqués également microbiologiquement à partir d'enzymes de levure, ou même de bactéries telles que les moisissures ou les champignons. Ces substances ne sont pas toujours extraites de la matière première dont elle est supposée avoir le goût. Vous comprenez donc que le terme « naturel » signifie seulement et uniquement qu'il s'agit d'une substance biologique. Si on le sait, tout devient clair. On ne se laisse pas berner !

Pourquoi, alors, si on précise « arôme naturel », ne précise-t-on pas « arôme chimique » ? Dans le yaourt, on utilise beaucoup d'arômes extraits de plantes et d'arômes issus de synthèse chimique. Exemple célèbre : la vanilline de synthèse. Les arômes de synthèse sont donc fabriqués exclusivement de manière chimique, à la différence des arômes dits naturels, tout en ayant les mêmes propriétés que celui-ci. Autrement dit, la vanilline n'est qu'une imitation synthétique du parfum de la vanille mais la structure chimique est la même. Ils n'ont qu'un avantage – tellement bienvenu pour les industriels –, ils coûtent moins cher et freinent considérablement le développement de la culture de la vanille aux Comores, à la Réunion, ou à Madagascar, mettant ainsi en péril de nombreux petits producteurs.

Dois-je vous donner un autre exemple ? Au hasard, l'arôme de banane. Celui-là est dû à un mélange de plusieurs espèces chimiques, dont l'acétate d'isoamyle. Les molécules d'acétate d'isoamyle synthétique sont fabriquées en laboratoire et sont exactement identiques à celles qu'on peut extraire de la banane. Le prix de revient de la première est nettement moins cher que le prix de revient de la seconde. CQFD.

Comme ces arômes artificiels n'existent pas dans la nature, ils sont considérés comme des additifs. Pourquoi des additifs ? Parce qu'on présume qu'ils sont sans risque pour la santé puisqu'on n'en consommerait que d'infimes quantités, environ 15 grammes par an et par personne.

Tout cela ne serait pas bien grave si l'industrie agroalimentaire, en faisant la part belle aux arômes artificiels, ne détournait pas les consommateurs du goût originel au profit d'un goût plus standardisé. Une claque pour la nature même des produits. Vous pourriez affirmer que dans la cuisine aussi on ajoute des aromates, des épices, des herbes dans une préparation. Souvent trop, d'ailleurs. En cuisine, on oublie aussi qu'un plat réussi, c'est d'abord un produit naturel, assaisonné d'un seul aromate ou d'une seule épice se mariant idéalement avec le produit de base. Rappelons, pour mémoire, que la cuisine n'a rien à voir avec l'art militaire : le camouflage.

L'arôme chimique est le centre des préparations à l'échelle industrielle. Pas seulement les arômes, puisqu'on arrive aussi à remplacer les matières premières. Ainsi, dans un yaourt à la pêche, il n'y a pas un gramme de fruit. Il est simplement plus cher, nettement plus cher qu'un yaourt nature. Au risque de me répéter, je maintiens qu'il vaut mieux acheter un yaourt nature et ajouter un vrai fruit, de la confiture ou du miel.

Les arômes artificiels sont les baguettes magiques de l'agroalimentaire. Faciles à stocker, ils permettent de s'affranchir de la conservation et des aléas de la nature. De plus, comme nous le verrons au chapitre des fruits et des légumes, on cueille les fruits avant maturité, on les conserve au froid, pour les installer sur les étals à contre-saison ou, au mieux, à la saison. Ces arômes synthétiques, disponibles toute l'année, permettent de reconstituer tous les goûts, et pas seulement ceux des fruits, mais aussi ceux des poissons, des crustacés, du rôti de bœuf ou du cassoulet. Ces ersatz habituent les consommateurs, et malheureusement le plus souvent les enfants, à des goûts standardisés, identiques, pour mieux les détourner des saveurs subtiles et variées des produits naturels.

Les fromages

Les fromages, question arômes, ne sont pas en reste. Là encore, vous pouvez vous laisser avoir, et imaginer que le salers est systématiquement fabriqué avec le lait du troupeau de vaches salers. C'est vite oublier que cette magnifique bête à cornes, qui tend à disparaître, est délicate et sensible, qu'elle n'accepte de donner son lait qu'en présence de son veau et que sa méthode de traite est particulière :

elle répugne à la machine. Actuellement, seuls cinq producteurs de fromage de Salers sur quatre-vingt-dix travaillent à l'ancienne. Rétablissons la vérité. L'admirable fromage salers est fabriqué majoritairement à partir de vaches laitières, et malheureusement, il s'agit des fameuses Prim'Holstein. Je viens sûrement de casser le mythe. Je le regrette. D'autant que le fromage est bien davantage qu'un aliment : un symbole de la gastronomie française. N'oublions pas que la France prétend pouvoir présenter le plus grand « plateau de fromages » au monde, avec plus de mille spécialités provenant de son sol. Selon les dernières études, le fromage remporte la palme des produits laitiers « les plus aimés des Français », une sorte de gloire nationale. Imaginez que, en 2007, 92 % des Français consommaient au minimum un fromage par semaine, soit environ 24 kg par an et par habitant. Apparemment des bonnes nouvelles dont on ne peut que se réjouir. Mais quels fromages évoque-t-on ? En 2011, quatre ans plus tard, la star du panier de la ménagère est devenue l'emmental, 258 553 tonnes. Un fromage suisse. S'il n'était que suisse ! L'emmental a débarqué en France dans les années 1950, raflant la mise pour se hisser au premier rang des fromages les plus consommés de l'Hexagone, devant l'emblématique camembert. Malheureusement, ces deux fromages sont des appellations qui n'ont jamais été juridiquement protégées et, en 2004, nous voilà bien obligés de constater que 40 % de la production française est bretonne. Oui, vous avez bien lu, presque la moitié de l'emmental vendu en France est français, il est même breton. Ce qui a permis à la Bretagne de revendiquer une identité locale pour ses fromages. Or, l'emmental et le gruyère, deux fromages différents, sont bien d'origine suisse, et avant tout des fromages de montagne.

Ils ont toujours été fabriqués dans les alpages, où le lait abondait au printemps et en été. L'Emmentaler a perdu son terroir et son âme quand il est arrivé en France. La confusion entre le gruyère et l'emmental est malheureusement très vite entrée dans les mœurs et sa production, sous le nom fallacieux de gruyère, s'est rapidement étendue à la Savoie, à la Franche-Comté, à la Lorraine, à la Bourgogne, à la Champagne, au Centre et, bien sûr, à la Bretagne [1]. L'emmental doit son expansion géographique à sa capacité à éponger les excédents laitiers : une meule, mille litres de lait. L'Allemagne, la Finlande, l'Autriche, l'Irlande, et même le Danemark, ne se privent pas non plus d'en fabriquer. Où les Holstein pissent le lait, l'emmental joue les serpillières. Vous dire que son élaboration s'est dégradée est un euphémisme, les industriels ont la plupart du temps réduit l'affinage à quarante-deux jours alors qu'en Suisse on considérait que plusieurs mois étaient nécessaires pour donner son caractère à ce fromage. Quarante-deux jours, n'est-ce pas un peu trop pour fabriquer de la merde ? Alors les industriels ont inventé l'affinage sous plastique. L'emmental mûrit plus vite et, surtout, il ne perd pas de poids. Mieux encore, il ne forme pas de croûte. Il a fallu attendre le décret du 30 décembre 1998 pour interdire l'affinage sans croûte. Qu'importe, on la supprimera pour le présenter en parts découpées en forme de parallélépipèdes, tranches régulières, bonheur des fabricants de croque-monsieur et de sandwichs industriels.

Vous l'avez voulu, puisque vous l'achetez ! Ne vous étonnez pas que le résultat soit insipide, caoutchouteux,

1. La confusion est née du fait qu'en France le gruyère a longtemps désigné la famille des pâtes pressées cuites : gruyère de Comté, gruyère de Beaufort, et gruyère d'emmental.

sans onctuosité ni goût. Il n'est pas fabriqué pour des amateurs, juste pour séduire une clientèle avide de produits aseptisés et standardisés. Pour les marketeurs, l'emmental doit se consommer le matin, le midi, au goûter, le soir, en dés à l'apéritif et, cerise sur le fromage, en râpé. 50 % de la production du fromage d'emmental se consomme sous forme de râpé. Un fromage ? Un ingrédient ? De la saloperie sur les pizzas et les gratins.

Autre fleuron de nos génies fromagers, le camembert. Lui aussi dévoyé par l'industrie. Il est contrefait dans toutes les régions de France, mis en conserve aux États-Unis, en Australie et au Danemark. Ce fromage d'origine normande a subi les pires humiliations. La production nationale tourne autour de 100 000 tonnes. Mais seuls les camemberts au lait cru AOC (Appellation d'origine contrôlée) peuvent bénéficier de l'étiquette « camembert de Normandie, fabrication traditionnelle au lait cru avec moulage à la louche ». Seulement 10 000 tonnes de fromages sont vendus sous cette appellation. Il a fallu une bataille de dix ans pour maintenir l'appellation, car les industriels prétendaient que le lait pouvait être pasteurisé ou thermisé. La lutte fut longue pour éviter la perte d'identité du camembert. Grâce au combat de Michel Barnier, le décret est paru au *Journal officiel*, le 18 septembre 2008 : seul le camembert de Normandie AOC a le droit à l'usage exclusif du lait cru.

Ces deux exemples ne sont malheureusement pas les seuls et, sans vouloir instruire un procès contre cette surenchère marketing, il est de notre devoir de mettre en garde les consommateurs contre l'inquiétante dérive des fromages traditionnels. Plutôt que d'ancrer leur caractère dans le terroir, ils prennent la fâcheuse tendance de souscrire au nivellement par le bas insufflé par l'industrie. Les bries, chèvres, fromages fondus, coulommiers, tous suivent le même chemin. Où est donc passé notre plateau de fromages à la française ? Nos fromages qui puent, si vantés, recherchés, accepterons-nous de les voir relégués au rang d'antiquité alimentaire ? Rien n'est impossible si l'on en juge par les comportements. Même le Centre national interprofessionnel de l'économie laitière affirme que la tendance fromagère va vers « des produits à saveurs douces et crémeuses ». Rien n'a changé, finalement, cela évolue, et dans le mauvais sens. On s'est entendu dire « ce n'est pas le camembert qui a changé, ce sont les gens... ». Les nouvelles générations, adeptes du prêt-à-manger et du snack, s'éloignent du fromage, dont elles ne savent plus juger du degré d'affinage. Cette réflexion d'un dirigeant d'un groupe laitier ne nous a pas échappé : « Les clients ont de plus en plus envie de produits immédiatement consommables. » Ces industriels semblent oublier que le fromage, même pasteurisé, fabriqué avec du lait de Holstein gavée d'ensilage de maïs, demeure un produit vivant, qui évolue jour après jour. Il faut reconnaître que le nombre des crémiers-fromagers dignes de ce nom ne dépasse pas la cinquantaine sur tout le territoire. Heureusement, des jeunes reviennent, s'installent, vont vers l'excellence, revendiquent même de passer les examens de meilleurs ouvriers de France (MOF). Il y en a parmi ces rescapés du goût et de la qualité. Mais la majorité des achats de fromages s'effectue dans la grande distribution, comme beaucoup d'autres produits alimentaires. Or, même si cette voie de distribution ne sied pas trop au fromage, la plupart des enseignes, outre leurs rayons de fromages à la coupe, défendent quelques appellations d'origine contrôlée. Pas toutes, ceux des appellations les plus célèbres : brie, saint-nectaire, cantal, roquefort, bleu des Causses, etc. Le vrai fromager a ses caves d'affinage, or l'affinage est l'étape essentielle pour transformer le caillé insipide en une pâte savoureuse, exaltante et développant ses arômes. Les fromages s'affinent avec le temps. De plusieurs semaines à plusieurs mois. L'affinage intervient sur deux éléments : la croûte et la texture intérieure, et, bien évidemment, dans les GMS (grandes et moyennes surfaces), il n'y a pas de caves d'affinage, les produits sont stockés le soir dans une chambre froide qui naturellement stoppe la maturation, pour être ressortis le lendemain matin et être installés sur un étal réfrigéré. Ces traitements ne permettent pas l'amélioration, mais un effort est fait. Saluons-le ! Il permet à des clients curieux de découvrir autre chose que des fromages aseptisés et a le mérite d'assurer aux producteurs qui s'obstinent avec courage à la fabrication des AOC de maintenir un chiffre d'affaires non négligeable. C'est peu, mais les fromages AOC, les fromages des amateurs, ne représentaient en 2004 que 13 % de la consommation totale. Voilà un élément qui permet en partie de tordre le cou à l'affirmation fausse que la grande distribution étrangle ou tue l'artisanat. En étant très objectif, il faut reconnaître que, sous la pression de l'industrie de standardisation des goûts, les producteurs de fromages ont dû abandonner certains usages jugés peu rentables au profit de méthodes plus intensives, quitte à prendre le risque de brouiller les cartes entre l'artisanat et l'industrie. Un exemple : le cantal. « 90 % du cantal est pasteurisé, même les Cantaliens ne le savent pas ! » C'est Sébastien Barrès, détaillant fromager à Aurillac, qui le confesse, en ajoutant : « Il y a cinquante ans, il n'y avait pas un pied de maïs dans le Cantal, aujourd'hui on ne voit que cela. Il en faut pour nourrir les vaches à l'ensilage, c'est regrettable car la flore auvergnate est si riche. » Il va même plus loin, en déplorant que les fromages du Cantal soient fabriqués à partir du lait de la Prim'Holstein, goinfrée à l'ensilage de maïs, aux tourteaux de soja (importé et OGM) et de colza, plutôt qu'à l'herbe.

La pasteurisation affecte plus d'un tiers des fromages AOC. Difficile de revendiquer le terroir pour ces produits-là, ce serait duperie. N'oublions pas que la pasteurisation détruit toute la microflore, qui offre au fromage ses particularismes et ses arômes spécifiques durant la fermentation. S'il n'y avait que cela ! Ce serait oublier l'usage des colorants sur certains fromages. L'ossau-iraty se présente le plus souvent avec la croûte bariolée au caramel et au rocou (E160b, obtenu par solvant à partir des graines du rocouyer, un arbuste qui provoque des allergies). Autre chose, le caillé congelé ; certains y ont recours pour lisser la production de fromages de chèvre sur toute l'année. En général, les chèvres sont taries après le 15 décembre, elles ne produisent donc plus de lait. Embêtant. Comment faire ? Le caillé s'égoutte dans des sacs ; une fois qu'il est égoutté, il suffit de le mettre au congélateur. Ainsi, on aura toujours un stock de caillé pour assurer la production des fromages. C'est oublier un peu vite que le caillé est fragile : si la température ne descend pas à cœur très vite, il est foutu. Quelle importance si le caillé est gorgé d'eau, difficile à travailler, et que le résultat n'est pas fameux ? Ce qui compte, c'est de présenter un rocamadour à Noël, bon ou mauvais. « Il est bon, une fois sur trois », se lamente Sébastien Barrès ; il n'y a rien de mieux pour tuer un produit. Il serait injuste d'oublier une autre méthode pour tuer le fromage : lui fabriquer un ennemi totalement identique. C'est ce qui est arrivé à tous nos grands bleus, roquefort, bleu d'Auvergne, bleu des Causses, etc. Inutile de chercher un terroir, une légende, juste de la technologie, du marketing. Exemple, le Saint Agur. Il est apparu sur les étals en 1988. Son but : plaire au plus grand nombre, séduire la nouvelle génération qui redoute les sensations fortes. Ce fromage a nécessité trois années d'intenses recherches. Il est fabriqué avec du lait de vache, dans une usine française, mais qui aurait pu être implantée à Chicago, Berlin, ou Stockholm, il offre le même profil organoleptique 365 jours sur 365, peu importe le climat, la ration alimentaire de la vache, ou... l'humeur du chef de fabrication. « Ce n'est même pas un mauvais fromage », commente notre fromager, « c'est une copie parfaite. » Il a l'apparence du roquefort, le goût du roquefort pour certains néophytes. Mais ce n'est pas du roquefort. Il fond et glisse dans la bouche sans éveiller les sens, disparaît dans l'estomac sans même taquiner le palais, il est lisse, fédérateur, consensuel. Il a rencontré une célébrité fulgurante dès sa mise en place. D'autant qu'il est moins cher que l'AOC qui lui sert de référence. Il est facile à trouver en libre-service dans les grandes surfaces, se conserve très bien dans sa barquette en plastique. Convenons, du bout des lèvres seulement, qu'il s'agit là d'une réussite industrielle indéniable. Difficile pour le roquefort, qui a dû lui abandonner en quelques saisons des parts de marché significatives. Le roquefort est plus subtil, plus complexe, mais comment résister à cette concurrence presque déloyale ? Les bleus, les persillés y parviennent encore, mais jusqu'à quand...

L'autre triomphe de la standardisation : le Caprice des Dieux. Né dans les années 1950, ce fromage « au cœur fondant » est une des stars des linéaires, mais pas seulement. Il a également le gîte et le couvert chez le fromager. Comment se passer d'un fromage qui se vend tout seul, un fromage au procédé si ingénieux qu'il conserve la même texture sans s'affiner avec le temps ? Son procédé de fabrication est tellement habile que si ça continue on va probablement lui décerner une AOC ! Le camembert, qui est supposé être son concurrent, ne peut même pas rivaliser : AOC ou pasteurisé, il coule au bout de deux jours à la maison. Si la France a toujours été le pays des bons fromages au lait cru, il reste difficile, face à ces fromages ovales, de faire payer aux consommateurs un surcoût pour des produits dont le label AOC ne garantit pas toujours la valeur ajoutée.

Heureusement, quelques AOC tirent leur épingle du jeu.

Le comté fait partie de ces appellations qui comptent cette poignée de producteurs très à cheval sur les contraintes de l'AOC. Un modèle du genre pour la plupart des professionnels, et une valeur sûre dans le panier de la ménagère. Le comté est sûrement l'appellation qui exige de ses producteurs de lait d'aller plus loin que les exigences de l'appellation. Le cahier des charges interdit l'ensilage et les OGM, la race des vaches est montbéliarde ou simmental, d'origine française (un groupe laitier industriel a tenté une percée dans le Jura avec des Prim'Holstein : les laiteries ont refusé le lait). On fait du comté avec du lait cru, rien d'autre, et les vaches sont contraintes au pâturage six mois de l'année. Aucune ne s'est plainte, les consommateurs non plus. Ces mesures ont été qualifiées de « courageuses », elles sont réalistes. Et ça paye, puisque le comté a conquis la première place sur le marché des AOC : 58 114 tonnes en 2011, grâce à une filière solidaire, organisée de la production à la communication. Dans le comté, on ne nous en conte pas !

Autre succès, l'AOC Laguiole. Il y a une vingtaine d'années, personne n'aurait parié sur le renouveau de cette appellation, et pourtant, quel succès ! Grâce à l'énergie et à la volonté d'un homme, Monsieur Valadier – il mérite la reconnaissance de toute la profession. Il a consacré sa vie au sauvetage de l'aubrac, magnifique race de vache en voie de disparition. Les bêtes sont obligatoirement nourries à l'herbe afin de produire le lait le plus aromatique possible. La coopérative, pour inciter les producteurs à stocker du foin séché, leur verse une prime. Maintenant, la production du fromage et l'ensemble du terroir sont valorisés. Il ne s'agit là que d'une microproduction, et leurs méthodes sont difficilement applicables dans les appellations de grande consommation, mais la preuve est faite qu'avec de l'énergie, de la solidarité et de la passion, tout est possible.

Une autre AOC auvergnate affiche un bon moral : le saint-nectaire. Comme le comté, le camembert et quelques autres, le saint-nectaire est un fromage emblématique dans le cœur des consommateurs. Son origine remonte au début du XVIIe siècle, et il a connu la table de Louis XIV grâce au Maréchal de France Henri de La Ferté-Senneterre. Son avenir semble plutôt radieux, sous réserve que l'administration ne se montre pas trop tatillonne. La crainte d'un producteur : « Qu'on ne nous ponde pas une fois de plus de nouvelles réglementations. Trop de règles tue la règle. » Il ajoute : « C'est comme si on voulait faire disparaître les fromages fermiers au profit des fromages de substitution... » On peut comprendre son inquiétude car il existe deux saint-nectaires : un laitier et un fermier. Le laitier est un produit industriel fabriqué à partir de laits de provenances diverses, et pasteurisé. Dès l'instant où un lait est pasteurisé, les germes sont tués, il faut donc compenser avec des germes artificiels. Adieu la typicité, la personnalité ! Ce fromage laitier a le même goût, quel que soit le fabricant. Le second saint-nectaire, le fermier, est, comme son nom l'indique, fabriqué à la ferme, deux fois par jour, à base de lait cru, après les traites du matin et du soir. Chaque fromage a son identité, son goût propre, sa spécificité. Il est vrai que si les pouvoirs publics ou l'INAO (Institut national des appellations d'origine), qui en dépend, décidaient de changer la réglementation dans le mauvais sens, nous aurions encore perdu un fromage. On sent poindre l'inquiétude chez les producteurs fermiers. La pasteurisation risque de tuer la production fermière et les fromages au lait cru, et d'ouvrir une voie royale à la standardisation des AOC. Que sont devenues l'identité fermière, la spécificité de chaque ferme ? Leur lait est noyé dans la masse et la laiterie homogénéise les taux de matières grasses. Elle pasteurise pour éviter des accidents sanitaires. Le lait n'est plus collecté tous les jours, il est stocké dans des tanks. Chaque manipulation encourage les attaques microbiennes. Chauffée à plus de 72 °C, la flore du lait, fragile par essence, ne survit pas. Le fromage pasteurisé ne transmet plus l'idée qu'on se fait d'un terroir. Pis. Il est fabriqué avec le lait d'une Holstein, nourrie à longueur d'année avec la même ration standard de maïs d'ensilage, de farine de soja et de céréales dont on connaît mal la provenance. La liste des fromages traditionnels, fiers jadis de leur AOC, est longue : maroilles, munster, langres, chaource, saint-nectaire, morbier, cantal, bleu d'Auvergne, fourme d'Ambert, de Montbrison, bleus de Gex et des Causses… Il y en a d'autres, déshonorés, humiliés, tombés en grande partie sous les coups de la pasteurisation. Dans chaque aire d'appellation, quelques fromagers héroïques maintiennent courageusement, contre vents et marées, une fabrication au lait cru. Consommateurs, vous devez les essayer, les goûter, les faire connaître. Ce combat est digne, citoyen, il n'y a pas de honte à avoir, soyons cocardiers ! Osons !

Les lobbies hygiénistes ne manqueront pas de nous jeter à la figure l'épouvantail de la listeria. Pourtant vieille comme le monde, il en existe des centaines de souches dans notre environnement. La plus vicieuse, la monocytogène, prolifère dès qu'il y a rupture de la chaîne du froid, et seule la pasteurisation peut en venir à bout. Cette monocytogène est extrêmement discrète, elle ne prévient pas de son arrivée. On peut la trouver au moment de la traite, dans le tank à lait, au cours de la fabrication du fromage, pendant le transport, chez le distributeur ou dans le réfrigérateur. Elle est sans conséquence pour le commun des mortels, sauf – c'est là l'essentiel – pour les femmes enceintes, surtout pour le fœtus, pour les personnes âgées et les sujets immunodéprimés. Le sachant, la meilleure solution ne serait-elle pas d'entreprendre une vaste campagne d'information pour expliquer aux consommateurs quels sont les risques encourus, plutôt que de jeter l'anathème sur les fromages au lait cru ?

Il y eut récemment plusieurs cas de listériose, mortelle ou pas, qui ont été montés en épingle. Le scénario est invariable : les services vétérinaires détectent quelques bactéries dans un échantillon, des rillettes, des époisses, ou autres produits, le lot incriminé est retiré du marché, les médias s'emparent de l'affaire... Le nom de l'entreprise est jeté en pâture à la vindicte populaire. Généralement la presse est mal informée, le consommateur, souvent ignorant, panique et mélange tout : la dioxyne, la salmonelle, la listériose, et pourquoi pas la vache folle, voire même le sang contaminé ? Les pouvoirs publics perdent le contrôle de la situation, les commerçants, petits ou grands, paniquent, annulent les commandes, et les entreprises déposent le bilan. Le risque zéro n'existe pas. Les fromages au lait cru sont sommés de pasteuriser. Pas une seule bactérie de listeria n'est tolérée dans les fabrications, alors qu'on accepte dans les autres aliments crus jusqu'à 100 bactéries par gramme (seuil en dessous duquel il n'y aurait aucun risque de contagion).

La réglementation communautaire se fait chaque jour plus sévère en matière d'hygiène, mais que restera-t-il alors du goût, des arômes, de la richesse des saveurs, que l'on apprécie tant dans le fromage ?

Consommateurs, ne vous laissez pas faire ! Osez le roquefort, snobez le Saint Agur, offrez-vous quelques fromages à la coupe. Ces derniers ou ceux qui sont marqués d'une AOC ne sont pas nécessairement plus chers, renseignez-vous. Les fromages ont leurs saisons, comme les légumes, les fruits, et les poissons. Adopter la saisonnalité, c'est manger mieux, moins cher et plus savoureux.

Chapitre 2

L'œuf, les œufs et les ovoproduits

L'œuf et les œufs

Permettez-moi de préciser : l'œuf au singulier, pour le législateur, est toujours de poule, sinon il doit être suivi du nom de l'animal(e) : œuf de cane, d'autruche, et même d'escargot.

Difficile d'imaginer qu'il puisse y avoir des déviations dans la production de l'œuf de poule. Une poule, un coq, un œuf, tout paraît simple, et pourtant...

Jusqu'à la guerre, la dernière mondiale, la production de l'œuf était simple, essentiellement paysanne.

Un œuf est composé de trois éléments :

— la coquille, imperméable et poreuse, qui permet des échanges gazeux avec l'extérieur ;

— le jaune, cellule géante de l'ovule, contenant toute l'information génétique du futur embryon, si la poule a été couverte par un coq, et seulement les gènes de la poule pondeuse si elle a été privée du géniteur ;

— le blanc qui entoure le jaune ne participe pas à la production, mais il offre les réserves nécessaires au développement du futur embryon.

Si les poules ont besoin d'un coq pour concevoir un poussin, elles peuvent parfaitement s'en passer pour pondre. S'il était avéré que la poule ait du plaisir pendant le très court instant de son rapport sexuel avec le coq, on pourrait regretter pour elle que le Créateur ait permis ce qui serait alors une anomalie.

La poule qui a encore la chance de vivre en pleine nature n'a aucune obligation à pondre un œuf quotidien. Le rythme de la ponte, sa régularité, se fait en fonction de son humeur, et surtout de la saison. La poule se montre généreuse au printemps et en été, et avare en période de mue, quand la lumière du jour décline et que la nourriture se raréfie. Souvenez-vous, les anciens, il n'y a pas encore si longtemps, on conservait les œufs pondus aux beaux jours pour les consommer en hiver quand ils devenaient plus coûteux. Jusqu'à la fin de la Seconde Guerre mondiale, la basse-cour française vivait à l'heure du Moyen Âge. Le terme d'élevage était impropre : les poules en liberté, sans poulailler fixe, passaient l'été la nuit à la belle étoile et se réfugiaient l'hiver dans les étables. Personne ne s'en préoccupait mais la mortalité était considérable. La poule, friande de lombrics et d'asticots, se nourrissait au gré de ses promenades, au mieux dans les chaumes et les pâtures, au pire sur le tas de fumier. La poignée de grains jetés par la fermière n'était pas sa quotidienneté. La poule pondait où bon lui semblait, l'œuf souillé par la terre et les fientes n'était pas toujours indemne de listeria ou de salmonelle, et si de surcroît il n'était pas ramassé tous les jours, sa fraîcheur n'était pas garantie.

Avec l'augmentation de la population, il a bien fallu rationaliser la production car les Français ont toujours été accros à l'œuf. Imaginez qu'actuellement nous figurons au rang des plus gros consommateurs du monde : 230 œufs par an et par habitant. Selon la FAO (Organisation des Nations unies pour l'alimentation et l'agriculture), la moyenne mondiale avoisine les 145 œufs par personne, soit pour la France 14,3 milliards, alors que nous en produisons 13 milliards. On importe donc 1 milliard 300 millions d'œufs. Comment en est-on arrivé là ?

Comment la production artisanale est-elle passée au stade industriel ? Avant l'industrialisation, le prix de l'œuf ne cessait d'augmenter, comme le coût de la vie, et devenait objet de polémique. La France se retrouva dans une situation ubuesque. Elle importait des œufs pour satisfaire la demande et exportait sur le marché européen ses excédents d'orge et de blé, lesquels surplus repassaient la frontière quelques mois plus tard transformés en poulets et en œufs par des éleveurs étrangers. En 1951, le gouvernement, déterminé, entendit mettre la poule française au pas. Un peu de discipline dans les poulaillers s'il vous plaît ! Après que les Américains nous eurent convaincus du « no grazing » (remplacer l'herbe par du béton), on crut utile d'envoyer une mission d'exploration pour se renseigner sur la production d'œufs aux États-Unis. Étonnement de nos fonctionnaires français qui conclurent, comme toujours, leur rapport par une évidence : « Comparée à l'agriculture américaine, l'agriculture française est restée dans l'empirisme avec un siècle de retard. » Quand notre poule française se baguenaudait, la poule américaine était séquestrée. Les chercheurs américains avaient découvert que, pour obliger une poule à pondre toute l'année, de préférence un œuf par jour, hiver comme été, il fallait la priver de promenade, la cloîtrer dans un bâtiment artificiel, au minimum quatorze heures d'affilée.

La poule française découvrit la batterie. Sans plaisir. Elle se révolta, donna du fil à retordre aux apprentis éleveurs. On s'aperçut que nos poules rustiques, habituées au grand air, soudain enfermées à cinq ou six par cage du jour au lendemain, privées de coqs et de parties de cuisses en l'air, déprimaient, faisaient la grève de la faim et se plumaient entre elles à coups de bec. Le génie français frappa encore une fois. On équipa la poule de petites œillères, comme une jument nerveuse sur un hippodrome, sans penser que, privée de lumière, elle ne pondrait plus, que les microbes se développeraient, que la pullorose exterminerait les jeunes poussins, que les coccidioses se répandraient dans les litières et qu'un œuf sur deux s'écraserait dans la fiente. La batterie française vira au fiasco, d'autant que les éleveurs de volaille devaient acheter l'aliment au prix fort chez les marchands de farine. Les fonctionnaires français avaient tout simplement oublié de demander aux conseillers américains – qui s'étaient sans doute bien gardés de le préciser – comment leurs chercheurs généticiens avaient « fabriqué » une poule capable de supporter la vie en batterie. En quelque sorte la poule parfaite, baptisée Isa Brown. Un volatile pas très grand, plumes marron, de tempérament calme, appétit de moineau, et qui pond un œuf par jour sans discussion. La poule américaine fut adoptée par tous les poulaillers industriels français pour le meilleur et pour le pire. Soixante ans plus tard, les poules de nos poulaillers industriels sont toujours de souche américaine.

En 2014, l'œuf est considéré par l'ensemble de la population comme un « bon produit », sain, naturel, source de vitamines, capable de remplacer la viande (un œuf = un bifteck de 100 grammes), et surtout peu coûteux.

À première vue, tout roule pour l'œuf. Il n'y aurait pas lieu de se poser de questions, ni de s'en faire. Mais comment le consommateur peut-il s'y retrouver quand les producteurs et les distributeurs multiplient les marques, les labels et autres calembredaines marketing pour activer le marché ? Savez-vous ce que représente « poules élevées en plein air », « œufs ramassés sur la paille comme autrefois », « œufs extra-frais datés du jour de ponte », « fraîcheur coq », « plein air fermier », ou encore « pondus en France », c'est le petit dernier, tout juste éclos en 2013 ? Savez-vous faire la différence entre toutes ces allégations ? Savez-vous vraiment ce que vous achetez, ce que vous consommez ou faites consommer à vos enfants ? Aiguiller et informer le consommateur. Foutaises ! Avec tout ce charabia, on ne sait même plus dans quel panier mettre ses œufs ! En quoi sont-ils différents ? Sont-ils vraiment différents ? Que veut-on nous faire avaler ?

Pour découvrir ce qui se cache sous la coquille, examinons le mode de production des œufs. Tout d'abord, prenons connaissance des résultats d'un sondage Ifop conduit pour l'ONG Compassion in World Farming (CIWF). Du point de vue de la lucidité des consommateurs, il est rassurant de savoir que 52 % d'entre eux considèrent qu'il est « difficile d'avoir une information sur le mode d'élevage des poules pondeuses », en dépit des nombreuses notifications sur les emballages. Alors, comment ça se passe ? Premier coup de bluff : les élevages avec l'allégorique photo figurant sur les boîtes, exhibant de belles rouquines qui picorent dans une vaste prairie bien verte. Bidon. La réalité est tout autre. La belle époque où les poules gambadaient dans les champs et les basses-cours, grattant, fouinant ici et là, insouciantes et libres... c'est terminé ! Aujourd'hui, elles sont pour ainsi dire toutes logées à la même enseigne. Le vieux poulailler, rêve lointain des urbains, est passé au rang d'antiquité, il s'est métamorphosé en un vaste bâtiment, sorte de hangar, dans lequel vivent plus de 300 000 volatiles, enfermés dans des cages sans voir la lumière du jour. Adieu la Gournay dorée, la Crèvecœur, la Bresse noire dorée, ou la Barbezieux, remplacées par plusieurs races proposées par les deux grands sélectionneurs mondiaux (Hendrix et EW Group), beaucoup plus productives et supportant mieux l'enfermement. Elles débarquent dans l'élevage à l'âge de dix-huit semaines, après être nées dans des couvoirs, et se mettent au boulot tout de suite. Pas le temps de rigoler, de s'encanailler dans une basse-cour, elles sont là pour pondre, pondre toujours plus.

Les dispositifs sont précis. Pour un élevage en cage, chaque poule doit pouvoir disposer d'une superficie de 750 cm^2, d'un nid, d'une litière pour picorer et gratter, d'un perchoir d'au moins 15 cm, d'une mangeoire de 12 cm de longueur et d'un système d'abreuvement approprié. Ces dispositions sont multipliées par le nombre de poules dans la cage, limité à quatre ou cinq. Ces batteries de cage sont installées sur environ huit étages séparés les uns des autres par au moins 35 cm, et chaque cage doit être occupée d'un dispositif approprié pour le rétrécissement des griffes. Plus de 32 millions de poules vivent ainsi comme des ouvrières chinoises du prêt-à-porter. Cantonnées à la tâche, elles pondent 300 œufs en moyenne par an. Pour favoriser l'ambiance estivale favorable à la ponte, les bâtiments sont chauffés en permanence à 18 °C et restent allumés continuellement. Est-ce une chance, pour elles, de vivre en été des journées de 22 heures et demie au lieu de 24 ? Personne n'a encore réussi à les interroger. Dans ces bâtiments, tout est calme, étrangement ; elles tournent la tête de droite à gauche, mais quand soudain à l'heure du repas elles se redressent, le caquètement monte en gamme et le distributeur automatique délivre la pâtée. La tête de la poule, d'un mouvement rapide et rythmé, plonge dans le mélange. Une ration de granulés, c'est 45,5 % de céréales sous forme de sous-produit, des tourteaux de soja, des vitamines et des minéraux, ainsi que quelques oligoéléments (calcium et phosphore).

Tout est soigneusement calculé : les exigences biologiques de la poule et les contraintes économiques de l'éleveur. Les 138 grammes quotidiens sont pesés au gramme près car l'éleveur vit dans la terreur que la poule, sa machine à pondre, ne se dérègle. Imaginez, un supplément de 5 grammes par jour et par poule, et ses comptes virent au rouge. On est bien loin de la poignée de grains approximative de la fermière !

Sitôt pondu, l'œuf est entraîné sur un tapis roulant, miré avant de rejoindre un centre de conditionnement. L'œuf évite ainsi tout contact avec la fiente et les souillures : l'œuf est « sanitairement correct ». D'autant que les œufs fêlés et cassés sont éliminés afin de ne pas salir les autres. Les œufs issus de ces élevages en batterie – huit cents dans l'Hexagone – représentent 78 % de la production. Ce type d'élevage est interdit en Allemagne et aux Pays-Bas. Deux hypothèses : soit nous sommes à la traîne, soit le lobby des industriels de l'œuf est puissant, au choix.

Pour l'élevage alternatif ou au sol, rassurez-vous, l'espace de liberté est limité. Les poules sont recluses à l'intérieur d'un bâtiment où peuvent loger 30 000 volailles. Mais seulement 3 % des élevages prétendent à ce type de production. Les rations alimentaires sont les mêmes, et par conséquent les œufs aussi. Là encore, en 1999, le législateur européen est intervenu en fixant la taille des mangeoires à 10 cm au minimum, longitudinale ou circulaire, progrès considérable ! Et le même type d'abreuvoir, continu ou circulaire, lui aussi, à pas moins de 2,5 cm par poule. Il impose même un nid, mais pour sept (il est préférable de ne pas avoir envie de pondre en même temps, il n'y a pas de place pour tout le monde) et, miracle parmi les miracles, un perchoir de 15 cm de longueur par poule. Les techniciens européens, à défaut d'être compétents, sont méticuleux et imposent une limitation de la densité animale. Rien à voir avec une salle de bal, un mètre carré seulement pour neuf poules.

Pour éviter trop de casses ou de fêlures, les éleveurs de poules de batterie et d'élevage au sol ont recours à quelques additifs – tolérés – comme le butyrate de sodium, pour stimuler les fonctions hépatiques. Quant au producteur, il veille à satisfaire les désirs du marché et des centrales d'achat qui imposent des normes de jaune, et il ajoute des colorants de synthèse dans les gamelles, car oui, en France, on se distingue, on veut manger des œufs roux, alors que dans le monde 80 % des œufs sont blancs et dotés d'un jaune soutenu presque orangé. C'est le maïs qui donne naturellement la couleur du jaune. Pour les éleveurs industriels, le maïs coûte cher, trop cher, il est remplacé par des aliments moins onéreux, ce qui entraîne un jaune plus pâle. Qu'à cela ne tienne, il sera coloré artificiellement.

Que la poule soit élevée en cage ou au sol, elle est bombardée d'antibiotiques, sinon gare aux ravages : une telle promiscuité encourage le développement des bactéries. Environ 30 % des poules de batterie sont constamment sous antibiotiques, mais rassurez-vous, braves gens, mangez tranquilles, tout cela est légal, autorisé par la DSV (Direction départementale des Services vétérinaires). Pourquoi autorisé ? Tout simplement parce que les résidus d'antibiotiques sont faibles... Quoi qu'il en soit, ils restent bien présents dans l'œuf et on se garde bien évidemment de vous l'indiquer sur l'emballage.

Après un an de ponte effrénée, les poules commencent à se fatiguer, deviennent fragiles, les œufs aussi, ils sont plus gros – les œufs d'une vieille poule sont toujours plus gros que les œufs d'une plus jeune. Il est temps de connaître les joies de l'abattoir. Leur ambition serait sûrement de finir en plat cuisiné, en nuggets ou en cubes, mais elles n'ont presque plus que la peau sur les os. Que le plumage soit effectué à sec ou à l'eau, la plume résiste, aussi leur destination est le plus souvent le *pet food* – la nourriture pour animaux domestiques. Petit problème, les producteurs des pâtées industrielles de nos chers petits animaux à poils ne veulent pas payer le prix des transports, même s'il n'y a pas de frais de plumage. En effet, tout est broyé, plumes, viscères, déchets d'abattoir, etc., et pour nos animaux domestiques aussi, les additifs appétants sont d'usage.

J'avais naïvement imaginé qu'une poule de batterie ou d'élevage au sol pourrait être rengraissée jusqu'à en faire une poule au pot convenable, une sorte de réforme bienheureuse, comme on a pratiqué il y a quelque temps avec les vaches. Mais cette proposition fut rejetée après des essais : tellement habituées à une ration alimentaire limitée, les poules de réforme ne voulaient pas grossir ni engraisser. Adieu, poule au pot bon marché !

Il n'y a pas seulement deux types d'élevage en France, sinon vous ne seriez pas perdus lors des achats et les entourloupes seraient vite démasquées. Il existe sur le marché quelques chanceuses, les poules dites de « plein air ». Ce sont exactement les mêmes poules que celles au sol, aussi nombreuses dans les bâtiments (même nombre de mètres carrés), mais elles bénéficient d'une liberté surveillée. Dans la journée, on leur ouvre les portes de la prison, et elles peuvent alors s'adonner à leurs activités favorites : l'exploration et le grattage. Ne vous inquiétez pas, il n'y a pas d'abus de surface, pour se balader, elles n'ont que 4 mètres carrés par poule. L'alimentation ne change pas, la qualité de l'œuf non plus, le seul résultat, c'est le prix : 1 euro pour les poules au sol, 1,54 euro pour les « plein air ». Les poules de plein air peuvent être auréolées d'un label. S'il est rouge, elles sont moins entassées, seulement 6 000 par batterie et 5 mètres carrés de parcours extérieur par poule. Alimentation et qualité de l'œuf identiques, à l'exception du prix de l'œuf, qui augmente encore.

Les poules de plein air bio ont encore plus de chance, elles ne sont que 3 000 par bâtiment à l'intérieur duquel elles disposent de 6 mètres carrés pour chacune d'entre elles, malheureusement, elles n'ont que 4 mètres carrés pour circuler en extérieur. Étrange décision des technocrates.

Ce n'est pas terminé, il y a encore deux catégories – je vous l'ai dit, on veut vous donner le tournis ! Le plein air fermier Label rouge c'est 2 500 poules par bâtiment, 7 mètres carrés en intérieur, 10 en plein air, et, comble du luxe !... des nids individuels en bois ; une vie de palace pour une poule !

Quant à la poule de plein air fermier bio, elle bénéficie du même luxe que la précédente. Pourquoi n'a-t-elle droit qu'à 6 mètres carrés en intérieur et à 4 mètres carrés pour évoluer en extérieur ? Demandez aux technocrates, peut-être ont-ils une idée...

Si vous arrivez à vous y retrouver dans tout ça, bravo ! Sachez toutefois que, dans ces quatre derniers élevages, les poules – il faut ce qu'il faut – sont moins chargées en antibiotiques. Je n'ai pas dit que les antibiotiques avaient disparu, je précise simplement qu'il y en a moins.

Soyons sérieux, toutes ces variations d'apothicaire rassurent les défenseurs du bien-être animal mais ne changent pas grand-chose à la qualité de l'œuf. Label rouge ou pas, elles ingurgitent toutes le même soja transgénique brésilien ou argentin. On nous précise que les pondeuses bio en seraient épargnées. C'est bien le moins !

On raconte, mais sûrement pour faire sourire, que certaines poules ont la baraka, car elles bénéficieraient d'un éclairage naturel et d'une litière en paille. Il doit sûrement être agréable d'être poule dans ces élevages-là, qu'elles se le disent.

Quelle que soit la catégorie à laquelle ils appartiennent, moins d'une demi-journée après leur collecte, les œufs partent sur les chaînes de conditionnement pour être rangés en boîte ou en plateau alvéolé afin d'être vendus sur deux présentoirs, un au rayon frais, l'autre en bois près de la caisse : ce sont les mêmes œufs. Une fois le caddie poussé, arrivé devant le rayon des œufs, il faut trouver l'œuf pondu par des poules plus ou moins heureuses. Il faut donc vérifier le code inscrit directement sur la coquille (voir encadré, ci-dessous) :

	Cage	Au sol	Plein air	Plein air Label rouge	Plein air bio
Code	3	2	1	1	0

Depuis l'année 2004, les œufs sont marqués d'un code de production obligatoire et réglementaire.

Je me souviens, il y a plus de quarante ans de cela, j'étais encore à Canal+, quand je tentais d'évoquer à l'antenne l'intérêt pour le consommateur de pouvoir vérifier le jour précis de la date de ponte. Aucune autre inscription n'était prévue sur la coquille à cette époque. Mes propos avaient soulevé des tollés, des campagnes de dénigrement, sur ce qui paraît aujourd'hui élémentaire : savoir le jour où l'œuf a été pondu, ne serait-ce que pour être rassuré sur sa fraîcheur. À ce jour, la date de ponte reste facultative.

Outre la date de ponte sur la coquille, on doit pouvoir prendre connaissance du code du pays où l'œuf a été pondu (FR pour la France), le code du producteur et celui du bâtiment d'élevage, alors que sur les emballages on doit pouvoir retrouver la catégorie des œufs selon leur type d'élevage (cage, plein air, etc.), la date de consommation recommandée (DCR), ce qui est différent de la date de ponte, le mode d'élevage, le calibre, et les conditions d'entreposage. Tous les œufs, sans exception, proposés aux consommateurs appartiennent à la catégorie A. La catégorie B est destinée aux œufs déclassés pour la pâtisserie et les ovoproduits.

De peur de ne pas vous informer suffisamment, voici d'autres mentions qui doivent figurer sur l'emballage :

— « Frais » signifie que l'œuf peut être consommé sans problème jusqu'à 28 jours après sa ponte.

— « Extra », les œufs sont extra-frais jusqu'à 9 jours après la ponte (ils peuvent donc être consommés coque sans souci).

— « Pondu le », indication de la date de ponte.

Comme la date de ponte n'est pas obligatoire, il est préférable de consommer des œufs qui en portent l'indication. Ce conseil vous met à l'abri de toute surprise.

Dernière hypothèse : vous allez sagement faire votre marché, panier sous le bras, assuré de trouver des produits de proximité, maraîchers ou fermiers. Vous vous arrêtez devant les paniers d'œufs et vous imaginez naïvement que ces œufs ont été ramassés à la main par la fermière. Arnaque, arnaque un coup sur deux. S'il n'y a pas de code sur les œufs, ni aucune mention réglementaire, il est possible que ce soit un œuf fermier. Vérifiez toutefois les mains de la fermière, si elles sont soigneusement manucurées et qu'elle les emballe dans deux ou trois épaisseurs de papier journal, vous êtes en train de vous faire arnaquer (je l'ai à plusieurs reprises constaté sur les marchés). Mieux, si vous examinez attentivement l'œuf, vous serez surpris quelquefois d'y découvrir le code 3, qui signifie élevage standard. Vous pouvez porter plainte, dans l'espoir de faire cesser ce type de comportement malhonnête et même dangereux. Ces escroqueries à la crédulité et au manque d'information du consommateur sont inadmissibles.

Et l'œuf, dans tout cela ? En moyenne, un œuf pèse 65 grammes, grammage standard, mais il existe des calibres différents qui justifient sur l'emballage une lettre supplémentaire :

— S pour les œufs de moins de 53 grammes.

— M pour les moyens, entre 53 et 63 grammes.

— L pour les gros, entre 63 et 73 grammes.

— XL pour les très gros de plus de 73 grammes.

Les très gros œufs n'ont pas vraiment la cote, ni auprès des consommateurs, ni auprès des éleveurs, car plus ils sont gros, plus la pondeuse est en fin de carrière (onze mois pour les « plein air » et seize pour les œufs standard), vieille (c'est ainsi qu'on qualifie une pondeuse d'un an) ; elles pondent moins, mangent autant, et sont donc moins rentables.

Le plus gros œuf jamais pondu en France l'a été par une poule du Pas-de-Calais : 202 grammes sur la balance, et le plus petit, 1,21 gramme. Que serait-il sorti de l'œuf si l'un et l'autre avaient été couvés ?

Je me suis inquiété auprès de certaines pondeuses de savoir la différence de plaisir qu'elles pouvaient ressentir à la ponte d'un petit ou d'un gros œuf. Silence général, *no comment* !

L'œuf est reconnu comme un aliment de bonne qualité, une mine de nutriments. Pour les biologistes, la protéine contenue est une référence, la meilleure de tout le monde animal.

Dans un œuf de 60 grammes, retirez les 6 grammes de coquille, il reste 37 grammes de blanc et 17 de jaune. Le jaune contient 70 % de lipides, riches en acides gras insaturés, des vitamines (A, D, E, K, B) et procure 25 % de l'apport en phosphore recommandé pour un jeune enfant, 15 % pour un adulte. Une excellente source de fer – de 2 à 3 grammes pour 100 grammes, et 30 % de protéines pour 88 à 95 calories.

Après cette description idyllique, il semble nécessaire de mettre un bémol, car les propriétés nutritionnelles seront différentes en fonction de l'alimentation des poules. Par exemple, lorsqu'on ajoute du lin dans la ration, les œufs sont plus riches en omégas 3, et lorsqu'on introduit davantage de céréales, c'est le taux de matières sèches (les propriétés du jaune) qui est d'une qualité supérieure.

D'un point de vue organoleptique, rien de flagrant. Aucun test n'a révélé de profondes disparités jusqu'à maintenant. Si vous considérez qu'en ne mangeant que des œufs dits bio (issus de l'agriculture biologique) vous avez une garantie de qualité et de santé, laissez-moi toutefois instiller quelques doutes dans vos convictions et vous informer que les poules pondeuses « bio » ne naissent pas de parents élevés selon les principes de l'agriculture biologique, et que jusqu'à leur dixième semaine, soit six semaines avant de pondre leur premier œuf, elles reçoivent toutes, sans exception, une alimentation et les soins vétérinaires standard, comme de vulgaires poules de batterie.

Allez-vous continuer à payer un œuf bio quatre à cinq fois plus cher qu'un œuf normal, sans certitude de ne courir aucun risque ? Croyez-vous que le goût est différent parce qu'ils sont bio ? Foutaises, puisque vous savez maintenant que la différence entre les œufs dépend en grande partie de la race de la poule et, accessoirement, de son alimentation.

En juillet 2003, l'AFSSA, devenue l'ANSES, a fait une étude qui concluait : « L'influence de l'alimentation de la poule pondeuse n'affecte pas la composition des constituants majeurs de l'œuf (pourcentage de lipides et de protéines) mais affecte le profil des acides gras et la concentration d'éléments en faible concentration (vitamines, et certains oligoéléments comme l'iode et les séminoles). Les aliments utilisés en agriculture biologique diffèrent peu dans leurs acides gras ou oligoéléments, il est donc peu probable que le mode de production biologique ait des conséquences notables sur la valeur de l'œuf. » Les termes sont alambiqués, mais clairs, si on lit bien.

En revanche, en cuisine, le constat est sans appel. Essayez de monter des blancs en neige avec des œufs standard. Vous risquez d'obtenir un résidu liquide, de la flotte, autrement dit. Dans une poêle ou sur un plat, le blanc du standard s'étalera plus largement que celui du plein air, plus consistant. Lorsque les protéines sont bonnes, l'œuf ne doit pas s'étaler. Au vu du prix des céréales, la becquée est de moins en moins bonne, et les coquilles de plus en plus vides. Je vous propose une petite expérience pour vous amuser : plongez un œuf dans un verre d'eau : frais, il coule, il est plus lourd, vieux, il flotte. Pourquoi ? La membrane protectrice à l'intérieur de l'œuf forme une petite bulle d'air quand l'œuf est frais, la bulle d'air reste petite, mais plus l'œuf est vieux, plus la bulle d'air grossit. Simple, sans discussion.

Les ovoproduits

Supposons que vous soyez « tendance », préoccupés et soucieux du bien-être animal ; vous êtes en droit de supprimer les œufs standard de votre alimentation. Belle action solidaire ! Êtes-vous aussi prêts à supprimer de votre alimentation biscuits, viennoiseries, sauces, pâtes... Rappelez-vous que 40 % des œufs sont consommés sous forme d'ovoproduits. Pas vraiment nécessaire de faire appel à un dictionnaire étymologique pour comprendre ce que signifie ovoproduit : des produits obtenus à partir de l'œuf, de ses différents composants ou de leur mélange, après élimination de la coquille et des membranes. Près de 5 milliards d'œufs d'origines diverses finissent sous forme d'œufs liquides, congelés, concentrés, en poudre, pochés, brouillés, durs. Ces ovoproduits sont obtenus principalement à partir d'œufs issus de pondeuses en cage et d'œufs déclassés faisant partie de la catégorie B – trop petits, cassés, ou ébréchés, ils sont destinés à l'industrie. Malgré votre bonne volonté, vous consommez indirectement presque un œuf sur deux issu d'un élevage standard. Dans les usines de transformation, les œufs sont entraînés sur un tapis roulant vers la casseuse. Une machine qui sépare à la fois les œufs de leur coquille et le blanc des jaunes. Ces deux composants sont ensuite filtrés, refroidis et stockés dans des cuves afin d'y être standardisés. Ils sont alors pasteurisés à 69 °C, refroidis à nouveau, et puis conditionnés. On se trouve donc en présence de trois produits différents :

— Les œufs liquides entiers, quand le blanc et le jaune ont été remélangés. Ce mélange, « ce nouvel œuf », doit contenir au minimum 23 % d'extrait sec (matières grasses qui se trouvent dans le jaune).

— Les jaunes.

— Les blancs.

Ils sont conditionnés dans des poches de 1 à 20 kg, certaines contiennent jusqu'à 500 kg, sinon dans des camions-citernes de 25 tonnes.

Un kilogramme d'œuf liquide représente une vingtaine d'œufs coquille d'un poids moyen de 55 grammes.

Selon leur destination finale, on transforme les ovoproduits en poudre, en omelette, en œufs pochés, brouillés, conditionnés sous vide, en vrac, frais ou surgelés. On peut même les trouver durs sous forme de tube. Inclinons-nous chapeau bas devant la technologie, le jaune est centré d'un diamètre constant entouré d'un blanc à l'épaisseur standardisée. Ces genres de boudins sont cuits, et mis dans une saumure (du sel et de l'acide citrique). À ce stade, constatons que l'œuf à la coque et la mouillette ont disparu de nos petits déjeuners campagnards.

Tout cela pourrait être bel et bon, pratique, mais présente un inconvénient majeur : leur délai de conservation n'est que de trois à quatre semaines. C'est très fâcheux. Il a donc fallu trouver une solution pour augmenter la DLC (date limite de consommation) afin d'en commercialiser en plus grande quantité et plus longtemps. Simplissime : il suffit d'ajouter des conservateurs ; le plus fréquemment utilisé est l'acide ascorbique, le célèbre E200. Ce conservateur d'origine naturelle ou chimique aurait tendance à perturber les systèmes enzymatiques du corps humain, aussi serait-il plus sage, pour plus de garantie sanitaire, d'en interdire l'usage.

On les tolère, sous réserve que les taux d'E200 ne soient pas nuisibles à la santé. Comme aucune étude à ce jour n'a encore démontré le seuil de tolérance, on en profite. Conséquence, la DLC dure jusqu'à soixante jours. Cette augmentation de la date limite de consommation est beaucoup plus confortable quand on sait que les centrales d'achat disposent de plates-formes logistiques à partir desquelles les denrées alimentaires sont dispatchées dans les magasins. Les producteurs-fournisseurs peuvent donc livrer de grandes quantités afin de réduire leurs coûts de transport, ce qui permet d'augmenter la marge des revendeurs. Voilà pourquoi ces produits sont bourrés d'additifs et de conservateurs.

Comme il faut manger moins cher que moins cher, on réduit les coûts au détriment de la qualité des produits.

La plus grosse partie des « ovoproduits » est destinée à la restauration hors domicile, restaurants d'entreprises, cantines, hôpitaux, maisons de retraite, prisons, et à l'industrie agroalimentaire, biscuits, glaces, sauces, viennoiseries, desserts lactés, mousses, pâtes et charcuteries.

— Économique : leur conditionnement permet une meilleure maîtrise de la matière première.

— Conservation plus facile : ils induisent moins de pertes.

— Hygiéniques, pasteurisés : ces produits représentent peu de risques sanitaires, voire aucun.

Ils sont surtout moins contraignants pour les opérateurs car ils arrivent prêts à l'emploi.

À peine déballé, le tube d'œufs peut être découpé en lamelles, en tranches calibrées, régulières, idéales pour remplir les sandwichs, décorer les plats froids, garnir les salades, améliorer les marges des boulangeries, des brasseries et des cantines. En un rien de temps, omelettes et œufs brouillés sont éjectés de leurs poches, mis sur un plat ou une assiette, quelques secondes au four à micro-ondes : madame est servie. L'omelette baveuse est morte, les œufs brouillés crémeux aussi. Il y a bien longtemps qu'on fait des omelettes sans casser des œufs en RHD (restauration hors domicile). Contrairement à ce qu'ils prétendent, les acteurs de la filière se retranchent derrière une note du ministère de l'Agriculture et de la Pêche, dans une note de service parue en 2006 (DGAL/SDSSA/N2006-8200), pour éliminer de leurs préparations les œufs coquille. Cette note précise simplement qu'il faut utiliser des œufs emballés dans des centres agréés notifiés sur les œufs, qu'il ne faut pas les laver, que leur stockage doit avoir lieu en chambre froide, et qu'ils doivent être utilisés selon le principe « first in », « first out » – traduction, premier entré, premier sorti –, suivi de suggestions sur les préparations chaudes ou froides : ne pas alimenter les personnes âgées, les malades, et les jeunes enfants à base de préparations crues d'œufs coquille. Où est, dans ce texte, l'interdiction de l'œuf coquille ? Dans les maisons de retraite, par exemple, on refuse aux résidents qui en rêvent les œufs sur le plat. Pas seulement dans les maisons de retraite, d'ailleurs. Convenez qu'il est plutôt difficile d'obtenir cette préparation délectable dans un restaurant ou dans les fast-foods. Il est étrange de constater la voracité des artisans et des industriels face à l'utilisation de ces préparations. Heureusement, la résistance s'accroît. Un artisan boulanger-pâtissier de Montreuil, Fabrice Piéton, nous affirme : « Rien ne remplacera le frais ; certes j'utilise des œufs liquides pour certaines préparations, mais ce n'est pas aussi bien. Impossible de faire de la pâte à choux, de la pâte à tarte... Les blancs en neige ne montent pas. Ces œufs sont trop liquides, il y a certainement beaucoup trop d'eau dedans. »

Depuis l'année 2012, l'œuf traverse une crise, pas de quoi rassurer les consommateurs sur la qualité des ovoproduits. Le marché est tendu depuis la mise aux normes européennes des élevages français en ce qui concerne les hébergements collectifs des poules pondeuses. Les producteurs ont été sommés d'investir pour améliorer le « confort de leurs poules », mais d'aucuns n'ont pu suivre, d'où une pénurie d'œufs, et tout naturellement une hausse des prix – presque du simple au double pour les œufs coquille. Pendant qu'en France les éleveurs se cassaient les dents avec leurs poules, d'autres, plus malins, ayant senti le vent tourner, ont acheté de la poudre d'œuf en provenance du Brésil, d'Argentine, d'Inde, ou d'Ukraine à bas prix, pour la stocker et la revendre au plus offrant. Personne ne dit rien, pas une voix pour s'élever, ni pour chasser le loup de la basse-cour ! Non, vraiment personne pour protester contre l'arrivée « d'œufs en poudre » issus d'élevages standard étrangers dont les normes sont incontrôlables. En conséquence, nos éleveurs nationaux sont plumés, et nous, consommateurs, retrouvons ces produits-là dans nos assiettes. Quelques fabricants français d'ovoproduits s'indignent, sans grande violence il est vrai, se contentant d'appeler à la « concurrence déloyale ». En ce qui me concerne, je définirais plutôt ce silence comme du mépris pour le consommateur et signalerais une carence des pouvoirs publics, qui en appellent constamment à la traçabilité, à la rigueur des contrôles, à l'hygiène, à la santé du citoyen, mais qui laissent faire. La loi scélérate de la communauté européenne, en acceptant qu'un produit étranger importé et transformé en métropole devienne français, démontre là encore son efficacité. Tout le monde sait, surtout les professionnels du secteur, que lorsqu'on déshydrate des gros volumes, il est facile de mélanger des œufs de moins bonne qualité et plus ou moins frais. Ils avouent même qu'« on peut tout mettre dans les poudres d'œufs ». Rassurant, non ?

S'agit-il de spéculation, ou pire, de pratiques malhonnêtes ? Le débat est ouvert. Certes, devant la crise de l'œuf, certains malins ont trouvé des subterfuges en modifiant leurs recettes – pourquoi utiliser des œufs si on peut les remplacer par d'autres produits ? Je pense notamment à la dorure employée en pâtisserie. Traditionnellement, on utilisait du jaune d'œuf, maintenant on trouve de la dorure en spray, d'origine végétale ou animale – un mélange d'huile de palme et de gomme de guar, pulvérisé sur les viennoiseries industrielles. Ni vu, ni connu. Les œufs sont trop chers ? On remplace les œufs, on allège, on ajoute de l'eau, un petit coup de bombe, le consommateur n'en sait rien, ne se rend compte de rien, les arômes jouent leur rôle et le tour est joué.

En réalité, ce qui importe n'a rien à voir avec ce qu'on mange, seul le prix compte. Voilà la situation dans laquelle nous nous trouvons, elle est claire : en voulant des prix bas, plus bas que bas, on éradique la qualité du produit pour faire plaisir au consommateur, en se gardant bien de lui signaler que la politique de cette entreprise peut être fatale pour sa santé. Il est facile de jeter l'anathème sur l'agroalimentaire et la grande distribution, voire même sur le petit commerce, qui n'a pas à être exclu. Quand une enseigne de la grande distribution assène à coup de publicités, quelquefois même mensongères, « j'ai les prix les plus bas du marché », sans préciser ce qu'il y a dans les produits, elle est un des fossoyeurs de la qualité. J'affirme, et j'ai des preuves, qu'il est possible de présenter au consommateur des prix justes, pas moins chers, simplement justes, rémunérateurs pour le producteur, le transformateur et le commerçant, des produits à juste prix, mais de qualité. En ne respectant pas ces règles éthiques, citoyennes et morales de respect du consommateur, on jette l'opprobre sur l'industrie agroalimentaire et sur l'ensemble de la grande distribution.

Revenons à l'œuf. En s'acharnant à vouloir des DLC (date limite de consommation) de plus en plus longues, des goûts spécifiques, différents du goût naturel, à un prix toujours plus bas, quitte à ajouter de l'eau et de l'air dans les produits, le consommateur paie une coquille vide. Il peut toujours se plaindre qu'il y ait en France une trop grosse production d'œufs standard, même si elle est de plus en plus pauvre en matière sèche (jaune), on prend le risque de supprimer les œufs de notre alimentation.

Le marché de l'œuf est paradoxal. D'un côté, il vend du rêve, de la poule élevée au grain, des fermières sur les emballages et encourage le consommateur à l'illusion. Et ça marche dans les magasins, tous les magasins, y compris la grande distribution. Les achats d'œufs de poules en cage ne cessent de baisser, par comparaison avec ceux de plein air, qui occupent 50 % des parts de marché. Un bémol s'impose : comme il faut alimenter les usines d'ovoproduits, la production d'œufs standard, pour elles, ne diminue pas.

Les productions les plus dynamiques sur les cinq dernières années sont celles des œufs biologiques et des pondeuses élevées au sol. Leur taux de croissance annuel atteint en moyenne 11 %. En Belgique, en Allemagne et aux Pays-Bas, nous l'avons déjà vu, les distributeurs ont fait une croix sur la production d'œufs de batterie. L'Italie et le Royaume-Uni semblent suivre le même exemple. Pourquoi, en France, traînaille-t-on, pinaille-t-on ? Qu'est-ce qu'on attend ? Les sondages sont éloquents : « 75 % des Français sont prêts à payer leurs œufs plus chers s'ils ont la garantie qu'ils ne proviennent pas de poules élevées en cage » ! Soyons patients. Attendons les résultats de l'expérience que tente l'enseigne Monoprix. Depuis le 1er avril 2013, elle ne commercialise sous sa marque que des œufs français, certifiés issus de poules élevées au sol, en plein air, ou en agriculture biologique.

J'espère vous avoir donné les clefs pour faire un choix qualitatif. Si vous voulez vraiment faire plaisir aux poules, allez acheter des œufs plein air. L'autre paradoxe est que, dans le même temps, on continue à produire des ovoproduits en remplaçant les œufs par de l'eau et de l'huile de palme.

À bon entendeur.

Chapitre 3
Le poisson

Les Français sont inattendus ! Lisez plutôt : 89 % d'entre eux apprécient les pêcheurs, et 72 % la pêche. Ces chiffres sont le résultat d'un sondage effectué par Ipsos, en 2011, pour le CNPMEM (Comité national des Pêches maritimes et des Élevages marins). Plus de huit Français sur dix considèrent que le secteur fournit des services et des produits de qualité, selon FranceAgriMer (Établissement national des produits de l'agriculture et de la mer). Il y a de quoi se réjouir, la consommation des produits de la mer est en hausse constante : 31 kg par habitant, en 2000, 36,8 kg par habitant, en 2011. Il n'y a apparemment aucune raison de se priver de poisson, d'autant que les publicitaires nous rappellent régulièrement qu'il est diététiquement correct, recommandé pour tous, et surtout, qu'il est naturel. Essayons de regarder ce qui se cache derrière ce tableau idyllique : une triste et sombre réalité. Vous êtes naïf, alors ? Vous croyez vraiment que votre saumon a remonté le courant des rivières, que votre sushi au thon rouge est vraiment fabriqué avec du thon rouge ? Que le bar ou la dorade royale que vous vous apprêtez à déguster dans un restaurant « chic » se baladait en pleine mer avec d'autres espèces, que vos crevettes ont été pêchées en pleine mer ? Éclairons votre lanterne. Le monde de la mer est devenu un miroir aux alouettes, entre illusions et fumisteries. Ne vous étonnez pas qu'un jour vos enfants vous affirment que les poissons carrés nagent ou naissent dans un congélateur.

Rendons-nous sur le port de Boulogne-sur-Mer, au petit matin, quand le soleil se lève timidement. Les poissons ont été débarqués un peu plus tôt dans la nuit, la criée va bientôt commencer. Il n'y a pas foule dans cette salle ultramoderne aux allures d'amphi universitaire, peu de pêcheurs sont rentrés au port. Il est 6 heures, les acheteurs se tiennent prêts derrière leur pupitre, l'œil braqué sur trois ou quatre cadrans sur lesquels sont indiqués le nom et les origines des espèces, les quantités disponibles et les prix. Vingt minutes plus tard, la vente est expédiée dans un silence de morgue. Les offres ont été faites d'une simple pression du doigt sur des boutons. La criée telle qu'on se l'imaginait n'existe plus, criée ne veut plus dire crier. Depuis quelque temps les acheteurs effectuent leurs achats à distance, reliés aux bateaux par ordinateur. Ils se renseignent sur la provenance, la quantité, proposent un prix, topons-là, la vente est faite, inutile d'aller vérifier la qualité de la marchandise.

Ce matin-là, à l'exception de deux bars majestueux, peau brillante, quelques merlans et rougets de pêche française, la plupart des navires qui déchargeaient étaient étrangers, britanniques, norvégiens, islandais, néerlandais, asiatiques, africains… les mêmes poissons qu'on retrouve sur les étals. Quelques anciens se lamentent : « Il n'y a plus de poisson à Boulogne, ni ailleurs. » Les ports français ont perdu leurs gros armements et la moitié de leurs bateaux. Il y a dix ans, le drapeau tricolore flottait sur environ 8 000 bateaux, il en reste 5 815. Seule la Scapêche (Intermarché) détient une vingtaine de gros navires à Lorient. Face à ce délitement, on s'imagine une profession solidaire, une filière française au coude à coude. Si c'était le cas, à Bruxelles, embarqués dans la même galère, ils feraient front commun pour batailler, défendre leurs intérêts ensemble, unis.

Pas du tout ! Chaque pêcheur mène sa barque de son côté, c'est la guerre entre Bretons et Boulonnais, entre ceux du Nord et ceux du Sud. Chacun défend son littoral. Pourtant, la cohésion nationale serait indispensable pour défendre une filière fortement soumise aux aléas du marché. Moins de bateaux, moins de pêcheurs : de moins en moins de jours de pêche. Nos pêcheurs français sortent en moyenne deux fois par semaine pour des campagnes de 24 à 48 heures. Ils jettent l'ancre le vendredi pour passer le week-end en famille, les temps changent, le pêcheur ne travaille plus le dimanche, certains autres restent même à quai. Les quotas ! Le gros mot est lâché. Une décision inique, injuste selon eux, car pendant ce temps-là, les Britanniques remplissent leurs cales.

Le constat est terrible, les poissons issus de la pêche française représentent seulement 10 à 20 % de ce qu'on voit sur les étals, donc de ce que nous mangeons. Il n'est pas facile de savoir d'où ils viennent. Est-ce que nous serons contraints, comme les Américains, de nous méfier ? Là-bas, un tiers des poissons portent une étiquette frauduleuse. Par exemple, on vend du tilapia pour du rouget. En France, le Service de la répression des fraudes nous dit que ce type d'escroquerie est marginal. Doit-on le croire ? Il est vrai que dans la filière poisson il y a moins d'intermédiaires que dans celle de la viande. En France, depuis 2002, l'étiquetage est supposé fiable puisqu'il impose de mentionner sur les étiquettes la zone de capture. Vous avez déjà lu : « pêché en Atlantique Nord-Est », « pêché en Atlantique Nord-Ouest », « pêché en Atlantique Centre-Ouest ». Ces zones de pêche délimitées l'ont été par la FAO, l'Organisation des Nations unies pour l'alimentation et l'agriculture. Qu'est-ce que ça veut dire : « Zone Atlantique Nord-Est », « zone 27 » pour la FAO, couvre *grosso modo* une portion de mer qui partirait du Groenland au nord de la Russie, pour s'étendre jusqu'au sud de l'Espagne, Islande incluse. Vous pourriez aussi imaginer que la « Zone Atlantique Centre-Est », « zone FAO 361 », touche les côtes françaises. Vous avez perdu, il s'agit du Canada ; quant à l'Atlantique Centre-Ouest, elle longe les côtes de l'Afrique de l'Ouest. Eh bien oui, constatez, comme moi, que votre poisson a souvent fait un long périple avant d'atterrir dans votre poêle ou votre court-bouillon.

La réglementation impose que chaque produit soit étiqueté du nom scientifique de l'espèce tout au long de la filière, même pour les plats cuisinés. A priori, l'intérêt pour le consommateur est strictement limité, à moins qu'il ne fasse ses courses avec le code des usages sous le bras. Le nom scientifique du poisson ne nous apprendra jamais s'il a été pêché la veille ou quinze jours auparavant, si la pêche a eu lieu sur la côte bretonne ou au large des États-Unis, pas davantage si c'est un chalut industriel ou côtier qui a pratiqué la pêche.

La technique de pêche la plus utilisée dans le monde est la pêche au chalut. Les bateaux partent pour des campagnes de dix à douze jours dans des zones de capture de plus en plus éloignées. Les marins déploient un long filet, traîné au fond de la mer, plus ou moins long, de six à cent cinquante mètres, en fonction de la taille du chalutier. Le poisson est éviscéré et stocké en chambre froide jusqu'à son débarquement, vous pouvez donc être assurés que rien ne distingue plus ceux qui ont été pêchés le premier jour du dernier. Dix-huit jours peuvent s'écouler entre la sortie de l'eau et l'arrivée sur les étals.

Les plus petits assurent la pêche côtière, presque artisanale, et ne s'éloignent guère que deux ou trois jours.

Les plus imposants des bateaux sont de véritables navires usines qui congèlent directement le poisson sur place en haute mer. Ils partent pour des traversées au long cours et leurs retours à terre sont rares. Les équipages aux accents slaves sont envoyés par avion, débarquent au loin et rejoignent le navire, qui poursuit sa pêche mortifère. Sur ces bateaux, le hasard n'est pas de mise : les bancs de poissons sont repérés par des sonars et des GPS ultraperformants qui leur permettent d'effectuer des prises considérables en un temps record.

Autre système, l'avion. Non pas qu'on puisse pêcher avec un hydravion, mais pour approvisionner le marché français, le thon est débarqué en Mauritanie ou au Sri Lanka, le rouget à Dakar : posé sur de la glace, il atterrit à Roissy. Le périple le plus long pour un poisson serait d'être transformé en Chine. Il arrive dans les usines congelé pour être décongelé, vidé, et ensuite recongelé, pour être réexpédié enfin en containers vers la vieille Europe. Celui-là finit généralement en rectangle pané ou en plat préparé, distribué par la RHD (restauration hors domicile). Ces déplorables pratiques sont le fait de puissants groupes agroalimentaires. Encore dans les cales, certains lots de poissons peuvent aussi être réservés en mer et vendus sans passer par la criée. Il s'agit surtout du cabillaud et du lieu noir, destinés à la vente en promotion. À terme, Rungis, la grande halle à marée d'Île-de-France, le plus important marché de gros de l'Hexagone, ne sera plus qu'une vaste plate-forme, un simple entrepôt de transit. Quand le pavillon de la marée a ouvert, en 1969, on y recensait plus de 106 postes de mandataires, à peine une vingtaine aujourd'hui. Là encore, entre 70 et 80 % des poissons sont d'importation. Il faut se lever de très bonne heure pour trouver les beaux produits : bar de ligne, turbot, saint-pierre, pêchés sur les côtes françaises. Jean-Pierre Lopez, le poissonnier parisien d'exception, présent tous les matins à Rungis, se désole de l'état de la pêche et du métier.

Revenons, si vous le voulez bien, au circuit classique, celui qui intéresse le consommateur. Quand la marchandise est achetée à la criée, les mareyeurs préparent les poissons avant de les livrer aux grossistes, aux centrales d'achat ou aux détaillants. À Boulogne-sur-Mer, les poissons peuvent être transformés sur place. Sur 150 hectares, le numéro un des ports français accueille toutes les activités de la filière pêche : commercialisation et transformation. Le jour de notre visite, les merlans de nationalité néerlandaise ont été achetés directement par la société Frais Embal, un très important spécialiste de la découpe du poisson. Après une centaine de mètres en camion, le poisson est débarqué dans l'atelier de filetage. Le responsable qualité de cette société se réjouit : « Regardez, ils sont encore *rigor mortis* (rigidité cadavérique), les yeux bombés, les ouïes se décollent, bien rosées. Quand on voit un produit comme cela, c'est magnifique ! » Les merlans sont découpés, filetés dans la journée, à la main ou à la machine, et mis en barquette sous atmosphère modifiée avant d'aller garnir les rayons de la grande distribution, moins de 24 heures plus tard. Bien emballé dans son conditionnement, le poisson ne dégage aucune odeur, il est prêt à l'emploi, facile à cuisiner, et la plupart du temps sans arêtes. « Conservé sous atmosphère modifiée » signifie qu'on a retiré l'oxygène. Gilles Noury a découvert ce procédé en 1996 : « On m'a pris pour un fou », dit-il quand il évoque cette époque. Depuis, il est devenu le numéro un de la barquette. Il affirme : « Avec la barquette, je suis sûr de la qualité du produit, alors que sur l'étal, je n'ai aucune garantie, je ne sais pas, et personne ne peut me préciser depuis combien de temps le poisson est là. » Rien à dire, entre le moment où le poisson a pénétré dans l'atelier, et celui où la barquette part en caisse, il s'est passé cinq minutes dans une atmosphère à 3 °C. Qu'est-ce qu'il peut bien faire des déchets, têtes, queues, peaux, arêtes ? Des pâtées pour chien, des crèmes de beauté, mais pourquoi pas des terrines ou des pâtés au poisson. On n'ose plus employer le mot « déchet », maintenant il faut dire « coproduit ». « Étant donné la raréfaction de la ressource, il faudra bien trouver des solutions », expliquent les professionnels de la filière, « certains mangeront la chair, les autres les arêtes… c'est l'avenir ! » Sur les lignes de découpe de Frais Embal, ce sont surtout des saumons d'élevage et des cabillauds qui défilent, les deux poissons stars les plus consommés en France.

Le cabillaud est l'une des espèces les plus populaires d'Europe, jadis le « bœuf du pauvre », sous sa forme salée ou séchée, autrement dit la morue. Elle a volé la vedette au saumon, au turbot et à la sole, en moins de dix ans son prix a doublé. Du milieu du XVIe siècle jusque dans les années 1970, le poisson le plus consommé en Europe était la morue. Elle a été créée par nécessité : pas de réfrigérateur à bord pour conserver le poisson, sitôt pêchée, elle était vidée, salée, stockée dans le fond de la cale, en attendant que les marins puissent repartir pour de nouvelles campagnes. Bien avant les Portugais, les Basques avaient découvert, au large des côtes canadiennes, l'eldorado de la morue. De plus, ils possédaient d'énormes gisements de sel.

Le développement de la consommation de la morue tient beaucoup à la religion. Les jours de jeûne étaient de vingt-quatre semaines par an, pendant lesquelles relations sexuelles et consommation de viande étaient interdites.

Au fil du temps la situation s'est dégradée, le productivisme aveugle a sévi sur les océans, l'agriculture n'était pas la seule à vouloir profiter des évolutions. L'économie de cueillette a vite été remplacée par l'économie de massacre. Dans les années 1980, on prélevait chaque saison 40 % du stock des océans, colossal et suicidaire. Sans oublier quelques perturbations climatiques, le réchauffement des eaux fatal aux jeunes cabillauds, la pollution des mers, et surtout la pêche dite « minotière », destinée à la fabrication des farines pour l'alimentation du bétail et des poissons d'élevage. Passons sur les tentatives des fonctionnaires de Bruxelles pour ralentir la course à la productivité, les TAC (taux admissibles de capture), les POP (plans d'orientation pluriannuels), la fermeture de certaines zones de pêche et le désarmement d'une partie de la flottille européenne, tout cela assorti de subventions, bien entendu, qui furent un échec. Finalement, l'Union européenne a décidé de réduire de 50 % seulement les quotas de pêche en mer du Nord. Tout le monde était mécontent, les pêcheurs, les scientifiques, qui assuraient que cette mesure n'aurait pas de répercussions sur la reproduction des gisements, peut-être, mais douze ans plus tard, au début de l'année 2013, on a autorisé une nouvelle fois l'ouverture des quotas de 30 %. Le repeuplement était en partie assuré, alors qu'on disait certaines espèces de poissons menacées de disparition.

Le cabillaud survit, soit ! Mais qu'en est-il de la dorade rose, de l'empereur, du grenadier, de l'anguille et du thon rouge, pour ne citer que les espèces les plus courantes. Les scientifiques sont formels. Toujours. Mers et océans se vident de leurs richesses, les trois quarts des ressources halieutiques sont pleinement exploitées. En Europe, le bilan est catastrophique, désastreux : 88 % des stocks sont soumis à la surexploitation en mer du Nord. L'appétit croissant pour le poisson fait peser une pression toujours plus grande sur ces ressources. À l'échelle mondiale, la consommation est passée de 9,9 kg par habitant, dans les années 1960, à plus de 18 kg, en 2010.

Quel malheur ! Non seulement les poissons se font rares, mais ils ne sont pas tous appréciés de manière équivalente. Dans les assiettes, on retrouve toujours, indifféremment, saumon, cabillaud, lieu jaune, merlan, dorade, bar et sole. Les consommateurs ne font pas preuve de beaucoup d'imagination, alors qu'il y a encore de nombreux poissons à découvrir, excellents, peu chers, comme le maquereau, le chinchard, le hareng et le tacaud. À l'instar des autres denrées alimentaires, les achats de poisson sont aujourd'hui des actes banalisés. On veut du « blanc », ou du « rose », et « sans arêtes ». Se soucie-t-on encore de la ressource, de la saison – car il y a une saison pour les poissons, comme pour les fruits, les légumes et les fromages.

Les produits de la mer sont principalement achetés dans les grandes surfaces : 165 459 tonnes en 2011, contre 34 294 tonnes sur les marchés et 20 250 tonnes dans les poissonneries traditionnelles, qui disparaissent les unes après les autres – il reste 3 000 établissements en France. La relève n'est plus assurée, les écoles de poissonnerie sont presque vides. Jusque dans les années 1980, les rayons « marée » étaient inexistants dans les supermarchés, aujourd'hui ils font figure de produit d'appel, garants de produits « frais ». La plupart sont vendus en libre-service, portionnés en barquette. À ma connaissance, seul Leader Price garantit que les barquettes de poisson sont retirées de la vente quatre jours après leur mise en place. Les consommateurs n'achètent presque plus de poissons entiers. « Aujourd'hui on veut du filet, du dos, il y a dix ans on vendait de la darne, elle avait l'avantage de donner une structure au produit », explique un mareyeur boulonnais. Une chose est sûre, que le poisson soit en darne, en dos, en filet, entier, en barquette, ou sur étal, le poisson a la même origine. « Le métier se perd ! », se lamente Jean-Pierre Lopez, « heureusement que mes fils ont repris, je n'aurais pas trouvé de repreneur. Si c'est pour voir les mêmes cochonneries importées que l'on nous sert partout, non merci ! » Il est l'un des rares détaillants qui travaille encore des produits issus des pêcheries locales. Quand Monsieur Lopez parle de « cochonneries », il veut sûrement évoquer le panga vietnamien élevé et congelé en Asie, décongelé en Europe, et servi trop souvent comme du poisson frais sur les étals. Si ce n'est pas se moquer du monde, qu'est-ce que c'est ? Fréquemment, il trône parmi d'autres congénères dans la plus grande indifférence, sinon, dans le meilleur des cas, une étiquette précise qu'il ne doit pas être « recongelé ». Il arrive quelquefois que paradent sur les étals des poissons de « remballe », des poissons invendus, congelés, décongelés, et revendus sans honte et sans remords. Ce ne sont pas ces abus de confiance notoires envers le consommateur qui ont une chance de nous faire apprécier le poisson. Si on veut que le poisson procure du plaisir, il faut être vigilant, questionner, insister, regarder, avant d'acheter.

L'aquaculture

Si la déchéance du milieu marin continue, le mot « pêcheur » ne voudra plus rien dire, on parlera « d'éleveur ». La pêche en milieu marin, l'un des plus vieux et plus beaux métiers du monde, deviendra une activité récréative, des safaris pour nantis. Depuis plusieurs décennies, le poisson de la mer fait sa révolution en silence, et très bientôt, sans que nous nous en soyons rendu compte, le poisson consommé dans nos assiettes sera majoritairement un animal d'élevage, vivant dans des conditions similaires à celles des animaux terrestres (voir le chapitre consacré au cochon).

Oh les chiffres sont éloquents ! En 2008, l'élevage a fourni 45,6 % de la consommation du poisson, et plus de 50 % en 2012. Les obsessions diététiques, l'engouement pour les sushis, le succès des poissons blancs, de la crevette, du saumon – l'aliment dont la consommation augmente de 6 % par an – tirent la croissance extérieure du secteur de l'élevage vers le plus haut.

Prenons l'exemple du saumon. Poisson migrateur par excellence, il a pour ainsi dire disparu à l'état sauvage. Médecins et nutritionnistes du monde entier se sont entendus pour nous raconter qu'il faut « manger du poisson gras, principalement du saumon, bon pour le cœur, la circulation, les maladies inflammatoires. Les acides gras contenus dans leurs huiles renforcent la santé mentale, le développement du cerveau, ont un effet bénéfique sur la dépression, la schizophrénie, la maladie d'Alzheimer ». Pourquoi la Sécurité sociale ne rembourse-t-elle pas nos achats si les effets d'une tranche de saumon sont aussi efficaces ? Pourtant, derrière les bons omégas 3 se dissimule une vérité qui ne va pas de pair avec santé. La vie a bien changé pour le saumon. Au début du XXe siècle, rivières et fleuves français en regorgeaient, au point que les ouvriers avaient fait préciser dans leurs conventions collectives qu'on ne leur servirait pas plus de deux fois par semaine de ce saumon sauvage. En 2014, on en est plutôt gavé, proche de l'indigestion. Le *Salmo salar* est devenu le symbole du produit de masse. En 2011, les ménages français ont acheté près de 25 763 tonnes de saumon frais et plus de 21 543 tonnes de saumon fumé. La moitié de tout ça est importée de Norvège. Rien à voir, bien sûr, avec les espèces sauvages que j'évoquais, excepté leur patronyme. Il ne s'agit plus du même poisson, il s'agit maintenant de poisson d'élevage, dont la chair est colorée grâce à des additifs, des copies chimiques de pigments naturels, canthaxanthine, et astaxanthine.

Si par hasard vous visitez une usine de saumon, sachez qu'il vous faudra vous mettre dans la tête qu'il s'agit d'une « ferme ». Visitons l'une de celles-ci. Elle appartient à Marine Harvest, un groupe aquacole – les capitaux sont suisses – qui a pignon sur mer au Chili, au Canada, en Écosse et en Irlande. Elle contrôle toute la filière de production, depuis la recherche et la sélection génétique des souches de reproducteurs, jusqu'à la livraison en magasins des pavés de saumon, en passant par la fabrication des aliments, l'abattage et la transformation. On n'est pas là pour rigoler ! Dès que vous accostez auprès de la « ferme », vous êtes fermement invité à tremper les semelles de vos chaussures dans un liquide désinfectant, puis à enfiler des protège-chaussures en plastique et à revêtir un gilet de sauvetage.

L'aquaculture n'est plus une activité de pêcheurs, mais de « travailleurs de la mer ». Dans les années 1990, après la grave crise de surproduction, des centaines de fermes installées dans les fjords norvégiens ont dû fermer, seules d'importantes multinationales ont pu ramasser la mise. Marine Harvest est de celles-là. L'investissement est important, il faut d'abord s'acquitter de près d'un million d'euros pour obtenir une licence gouvernementale, puis de quelques millions d'euros supplémentaires dans les installations. Tous ces investissements pour produire environ 350 000 saumons par an. Traçabilité, sécurité, efficacité, rentabilité, productivité, et, bien évidemment, contrôle, sont les leitmotive. Qualification, initiative, humanisation, plaisir, autant de mots inconnus dans le lexique local. Monsieur Taylor peut être satisfait, son organisation scientifique du travail industriel a encore des adeptes !

Vous vous demandez sans doute ce que les saumons viennent faire là-dedans ? Ils nagent, dans des grandes cages flottantes ceinturées de grands filets suspendus, pour décourager la désertion. Juste à côté, les stocks de granulés. Dans l'usine que nous avons visitée, il y avait huit cages : 24 mètres de large, 20 mètres de long, 20 mètres de hauteur – un immeuble de sept étages – dans lesquelles 10 000 saumons tournent, tournent, tournent… Inutile de poser des questions : est-ce qu'il y a beaucoup de déserteurs ? Combien de ronds dans l'eau afin d'atteindre 4,5 kg ? Ce sont des yeux au ciel qui vous répondent. Soudain, au-dessus des cages, un tuyau en plastique gris crache une giclée de petits granulés noirs, l'heure de la soupe a sonné pour les saumons. Il faut à tout prix éviter les gaspillages et entretenir leur appétit, aussi reçoivent-ils des quantités réduites, à intervalles réguliers. Il n'y a pas de temps à perdre, la croissance des saumons répond à des impératifs : les jeunes smolts (petits saumons de printemps) pèsent 113 grammes. Sitôt sortis de la nurserie, ils sont plongés dans l'eau salée des fjords et doivent prendre 4,4 kg en quatorze mois, mais n'ont le droit qu'à 5,3 kg de granulés. Déduisons que les marges des aquaculteurs norvégiens sont aussi serrées que celles des producteurs de porcs bretons.

Je suis certain que vous vous demandez ce que peuvent bien contenir ces granulés ? Ne vous avisez pas de poser la question sur place, c'est top secret ! Depuis 1996, les farines d'origine animale terrestre sont interdites, tout comme l'utilisation d'antibiotiques et autres médicaments… mais à titre préventif seulement. Ces granulés noirs qui nous intriguent résultent d'un subtil équilibre entre les exigences zootechniques et les contraintes économiques. Elles varient donc en fonction du cours des matières premières. Je vous l'ai dit, il y a peu de différence entre un aquaculteur et un producteur de porcs. Farines et huiles de poisson, huiles végétales sans OGM, blés, vitamines, sels minéraux, un peu d'astaxanthine de synthèse... heureusement, le saumon d'élevage ignore que le saumon sauvage se goinfre de crevettes !

Depuis quelques années, un certain nombre d'enquêtes scientifiques préoccupent le monde du saumon norvégien. Les Américains et les Canadiens ont découvert des indices élevés de polluants : quatorze polluants organochlorés, tels que les PCB (polychlorobiphényles, appelés aussi biphényles polychlorés), DDT, dioxine, nonachlore [1]. Des produits considérés comme extrêmement nocifs pour l'homme. La loi est formelle en Norvège, pas d'antibiotiques, je l'ai dit mais je le redis. Peut-être, mais alors, que viennent faire ces traces brunâtres laissées par les vaccins sur la chair des saumons ? En 2010, Green Warriors, une association norvégienne, dénonçait la mortalité, les maladies ou les malformations dues à la surpopulation dans les cages (de 10 à 20 %). Les méthodes d'élevage intensives rendent les poissons vulnérables et favorisent le développement des parasites. Le saumon est infesté de poux de mer, alors on traite au diflubenzuron, un insecticide qui n'est pas autorisé en France. Les chercheurs suisses enquêtent, eux aussi, leurs découvertes sont accablantes. Ils ont retrouvé de l'ethoxyquine

1. www.bioweight.com

dans une dizaine de marques de saumon. Synthétisé dans les années 1950 par la firme Monsanto, cet antioxydant de synthèse était surtout employé dans le traitement des fruits, notamment pour éviter le brunissement des poires. Pour le saumon, il est plutôt utilisé sur les farines de poisson qui servent à son alimentation. Ces farines arrivent d'Amérique du Sud après une longue traversée en cargo. Elles présentent des risques, d'explosion, principalement, d'auto-combustion par oxydation. On asperge ces farines d'ethoxyquine pour prévenir ces risques.

Vous vous sentez à l'abri puisque vous consommez bio. Pour vous, le bio c'est 100 % clean. Ça devrait. Mais certains éleveurs irlandais admettent utiliser de la farine de poisson sud-américaine pour faire « grandir » plus vite les poissons au début de leur vie.

Dans ces élevages, où les poissons poussent comme de la mauvaise graine, la moitié des animaux souffre de dépôt graisseux autour du cœur. Normal, à force d'être gavé, le poisson gras devient trop gras ! Un saumon peut afficher jusqu'à 40 % de matières grasses. Ce constat est général et touche tous les poissons d'élevage, dont le profil en acides gras est dégradé par rapport aux sauvages. Prenons pour exemple le bar d'élevage : 6 % de matières grasses, contre 3,66 % chez le sauvage ; 1,15 % de graisses saturées, contre 0,71.

Tous ces élevages provoquent d'irrémédiables bouleversements sur les écosystèmes environnants : les tonnes de déchets rejetés en mer, les malins qui s'échappent et contaminent les espèces sauvages.

Pourquoi la Norvège n'engage-t-elle pas des expertises officielles indépendantes pour contrôler ce qui représente une grave atteinte à son image et pourrait faire du tort au commerce extérieur ? Allez savoir ! Toujours est-il que la ministre norvégienne de la Pêche, Lisbeth Berg-Hansen, possède elle-même des parts dans des sociétés de pêche et qu'elle nomme elle-même les directeurs des organismes publics censés contrôler l'industrie de la pêche. C'est-y pas mieux comme ça ? Je comprends que vous ayez envie de manger du saumon, et si vous ne pouvez pas vous en passer, privilégiez les filières contrôlées, avec des labels de qualité indépendants. Mais rassurez-vous, l'avenir s'annonce encore plus rose que rose, « le super saumon » va bientôt débarquer. AquaBounty Technologies, entreprise de biotechnologie américaine, met au point un saumon transgénique destiné à la consommation humaine. Ce saumon doit grandir tout au long de l'année, même pendant la saison froide. Cette nouvelle protéine à bas prix arriverait dans vos assiettes en dix-huit mois au lieu de trois ans. Heureusement, l'agrément de mise sur le marché n'a pas encore été obtenu. Résistons, luttons, avant que l'abominable « Franken Fish » ne débarque dans nos assiettes.

Pour alimenter l'aquaculture, la pêche « minotière » fait des ravages. Elle racle, racle les fonds marins pour récupérer de quoi élaborer de la farine de poisson. L'ineptie économique du procédé est à son comble, puisqu'il faut 4 kg de poisson pour obtenir un kilogramme de chair de saumon. Les professionnels se défendent : « Les poissons entrant dans la composition des farines ne sont pas des espèces commercialisables », nous assène-t-on avec cynisme.

Consommateurs, est-ce que vous avez conscience que, lorsque vous refusez un maquereau ou un hareng, il risque de revenir sous forme de pavé ou de filet de saumon, après un détour dans une usine de farine, une ferme d'élevage et un abattoir ?

Ces mêmes aquaculteurs ont l'outrecuidance d'affirmer : « Aujourd'hui nous sommes parfaitement capables d'engraisser des saumons avec des granulés 100 % végétaux. » Inutile, après cela, de prétendre à quelques scrupules écologiques. Les essais sont en cours, et dans un temps sûrement proche, le saumon sera élevé à partir de soja et de céréales. L'aquaculteur vit l'œil rivé sur les cours de la Bourse, prêt à se précipiter sur les matières végétales, le jour – peut-être pas si lointain, pillage de la mer oblige – où elles coûteront moins cher que quelques huiles de poisson.

Enfin, dans ces « fermes », lorsque les saumons ont atteint la taille idéale, à l'aide d'une pompe, ils sont évacués vers un bateau vivier, conduits à l'abattoir, anesthésiés dans un bain de glace et de gaz carbonique, un coup de couteau dans l'ouïe, ils se vident de leur sang, et quelques heures plus tard trônent sur les étals quelque part en Europe. Quand on pense qu'en 1970 un smicard avait de quoi s'acheter 6 kg de saumon frais par mois, aujourd'hui il peut s'en offrir 200 kg !

Des truites, du bar, de la dorade, du turbot, du cabillaud, tous les jours à la cantine. Vous voyez déjà la vie en rose, demain vous la verrez en blanc !

Nous venons d'évoquer les poissons de mer, mais les poissons d'eau douce ne sont pas épargnés. Examinons un peu les méthodes d'élevage du panga et du tilapia. Cela risque de vous mettre en appétit ! Rêvez un moment. Vous êtes sur une jonque qui se balance mollement dans les méandres du delta du Mékong, autour de vous frétillent des millions de pangasius, eh bien ce sont eux que vous retrouvez sur les étals des poissonniers et de la grande distribution. Ce poisson est devenu l'un des principaux produits d'exportation du Viêt Nam. Il a toutes les qualités requises, top standard ! Vendu sous forme de filet blanc de grande taille, il n'a aucun goût, une chair insipide et molle, et miracle, grâce à la main-d'œuvre locale bon marché, son prix de revient au kilogramme est de l'ordre de 0,60 euro. Non je ne me suis pas trompé de zéro : 60 centimes, je dis bien. En dix ans, la production est passée de quelques dizaines de milliers de tonnes à plus d'un million ! Vous dire que cette production de masse ne crée pas de problèmes de pollution, et qu'elle n'utilise pas fréquemment des produits pharmaceutiques interdits en Europe serait vous induire foncièrement en erreur. Mais si vous voulez en manger, libre à vous.

Autre symbole de l'aquaculture intensive, le tilapia. Un poisson d'eau douce, originaire des lacs et des grands fleuves d'Afrique. Il doit être migrateur puisqu'il a maintenant quitté ses eaux d'origine pour être élevé dans toutes les zones chaudes de la planète. Il manifeste un intérêt particulier pour la Chine. Rappelons, pour mémoire, que la Chine est le premier « fabricant » de poisson au monde. L'Asie produit 80 % des poissons d'élevage, dont 63 % rien qu'en Chine. Pour l'élevage, le tilapia est une petite merveille, il avale n'importe quoi, et il est principalement herbivore. Cela tombe vraiment très bien : il ne coûte presque rien à produire. Toujours tenté ?

Revenons en eau salée. Un nouveau parasite est arrivé : la crevette. L'élevage de la crevette a été artisanal pendant longtemps. Mais quand les stocks de crevettes sauvages ont fortement diminué, l'industrialisation de la filière a commencé. En dix ans, la consommation a explosé de 300 % aux États-Unis, au Canada et en Europe, et pour répondre à cette demande croissante, les pays asiatiques – Thaïlande, Taïwan, Viêt Nam, Indonésie et Inde – se sont lancés dans l'élevage intensif, talonnés par le Brésil, le Mexique et l'Équateur. Les bassins d'élevage sont installés sur les littoraux tropicaux, comme les mangroves ou les forêts de palétuviers. La taille des exploitations est passée tranquillement de quelques dizaines à plusieurs centaines d'hectares, avec une densité pouvant atteindre les deux cents crevettes au mètre carré. Leur alimentation, industrielle évidemment : farine animale d'origine maritime ou terrestre. Selon le grand principe de l'industrie aquacole, « t'as pas faim, tu manges quand même », elles sont suralimentées. Dans leurs étangs, il fait jour 24 heures sur 24. Pour produire 30 tonnes de crevettes, il faut environ 90 tonnes de farines, donc de poissons. Comme la crevette n'échappe pas aux règles élémentaires, son univers concentrationnaire crée des maladies, des parasites et quelques autres contagions quand on ne traite pas. Action, réaction : puissants traitements d'antibiotiques, agents conservateurs pour les empêcher de noircir, lavage à l'eau javellisante pour tuer les bacilles. Ainsi, toute proprette, la crevette peut tranquillement se présenter congelée sur nos étals. Dois-je vous préciser que derrière ces petits crustacés se dissimulent de gigantesques trusts de l'industrie agroalimentaire, qui fournissent à la fois l'alimentation et les produits phytosanitaires ?

Le problème est le même, quelle que soit la variété des poissons et des crustacés élevés : que faire des vidanges des bassins de production ? Vous avez maintenant compris que cette « soupe immonde » composée de boue aux antibiotiques, pesticides et autres produits chimiques est encombrante. Mais il faut bien la rejeter, pourquoi pas sur les terres, aux alentours de ces fermes ? Il est certain que les cours d'eau et les sols vont être pollués, mais quand il faut se débarrasser de cochonneries, on n'hésite pas ! Le Vietnam Institut for Economics and Marin Planning, après une étude récente, précise que chaque hectare d'élevage de crevette produit 8 tonnes de déchets solides par an et que les fermes d'élevage vietnamiennes, à elles seules, rejettent 7 millions de tonnes de déchets. Ça donne envie de se baigner ! Que dire du respect des écosystèmes ? Bien peu de chose : d'importantes surfaces de mangroves disparaissent au fil des années, mettant en danger les côtes devant les cyclones et les tsunamis qui affectent ces régions. La Thaïlande, par exemple, premier producteur mondial, a détruit 70 % de toutes ses forêts de mangroves. Tout cela vous paraît choquant, bien sûr, révoltant même. Vous voulez de la crevette sauvage, sachez quand même que la pêche de ces dernières est particulièrement dévastatrice. Les crevettiers sont des bateaux destructeurs, les « terminators » des mers. En Malaisie, pour une tonne de crevettes pêchées, quatre tonnes d'oiseaux marins, de tortues, de requins, et autres poissons sont rejetés.

À quoi sert toute cette pollution ? À nous faire manger des crevettes toute l'année, à nous donner l'illusion de nous nourrir « sainement », de « manière équilibrée » grâce à des produits frais... Une rengaine que vous entendez régulièrement.

Vous voulez vraiment manger des crevettes ? Soyez raisonnable, optez pour la qualité. Offrez-vous une poignée de bouquets, oui, des *Palaemon serratus*, pêchés au large de Granville, à la saveur unique, délicate. Certes, vous les paierez plus cher que les autres, mais vous n'en mangerez qu'une fois ou deux par an, vous découvrirez la saveur, les délices, le dépaysement, un instant de bonheur rare.

Il existe des productions plus responsables (Label rouge, bio). Elles sont essentiellement originaires de Madagascar. Là-bas les élevages sont moins intensifs : de cinq à dix crevettes au lieu de deux cent quarante, une alimentation garantie sans OGM, ni farines animales terrestres, ni colorants ajoutés à la cuisson, et sans usage excessif d'antibiotiques. Là aussi, vous pouvez y aller.

Pour le moment, en France, nous sommes les leaders spécialistes de l'élevage du bar, de la dorade et du thon. La plus grande ferme piscicole au monde est dans le Pas-de-Calais, cocorico ! Créé en 1983, AquaNord produit 2 500 tonnes de bars et de dorades par an. Les poissons sont vaccinés et traités aux antibiotiques, « en cas de nécessité seulement », nous précise-t-on. Pour élever un bar, 4 kg de poissons sont nécessaires alors qu'il en faut 25 pour un saumon. Outre la pollution et l'utilisation de produits toxiques pour la santé humaine, le véritable drame de l'aquaculture est là : il faut beaucoup de nourriture pour alimenter tous les produits d'élevage. La farine et les huiles sont pour la plupart issues de poissons pélagiques, poissons vivant proches de la surface, comme les anchois, capturés par millions de tonnes au large du Pérou ou du Chili grâce à des pêches ultramodernes. « Ils sont tellement suréquipés qu'il leur suffirait d'à peine plus d'une quinzaine de jours pour vider tous les bancs. » Philippe Cury, directeur de recherche à l'Institut de recherche pour le développement, est formel. Si l'essor de l'élevage perdure, ces espèces ne suffiront pas à subvenir à la demande. Certaines ont déjà disparu à cause des excès de la pêche minotière. Le même Philippe Cury constate : « Il n'y a plus un poisson pélagique le long des côtes du Namibie. »

Quel bel enjeu : transformer tous les poissons d'élevage en végétariens. Les recherches sont en cours mais ne sont pas encore probantes. Quid alors des omégas 3 ? Il faudra trouver de nouveaux discours pour faire avaler des poissons guimauves. Adieu les poissons gras. Au régime, comme tout le monde !

Bruxelles a tranché le débat, en autorisant la réintroduction des protéines animales dans l'aquaculture. Cette nouvelle aurait dû faire l'effet d'une bombe, en ces temps troublés de crise alimentaire. Rien n'a explosé, ni vu, ni connu, consommateur on t'embrouille... Quelques associations ont quand même réclamé un étiquetage clair à poser sur un poisson ou un crustacé qui aurait été élevé avec ces farines, rien de plus. Les professionnels de la filière, les producteurs ont des mines effarouchées : « Des farines animales dans nos filières ? Jamais ! » Même Marine Harvest a mis son veto. Belle pudeur ! Jusqu'à quand ? Philippe Cury, excellent scientifique, affirme que ce sera inéluctable, que la biomasse est insuffisante pour nourrir des poissons d'élevage qui devront nourrir la population croissante. Pour le moment, saumons, bars et dorades peuvent se régaler avec des protéines animales transformées de porc et de poulet. Voilà ce qu'on a trouvé pour « améliorer la durabilité à long terme du secteur de l'aquaculture ». D'autres solutions sont envisagées, utilisées, même : une farine alternative issue des coproduits de la pêche – vous vous souvenez, coproduits = déchets. Les Chinois s'en servent déjà pour alimenter leurs anguilles. Une probable manne encore peu exploitée qui permettrait l'optimisation de la ressource. En attendant, Bruxelles a légiféré, elle impose à tous les pêcheurs français de ramener, dès 2014, tous leurs déchets à terre. À défaut de pêche miraculeuse, la filière est à la recherche d'une denrée qui pourrait faire tourner l'industrie des poissons. Si vous trouvez, votre fortune est faite ! En Pologne, les truites d'élevage sont nourries à la farine d'hémoglobine. Ne soyez pas choqués ! Les farines de sang d'animaux non ruminants sont à nouveau autorisées en Europe. Vous ne saviez pas que des farines de plumes de volaille et des farines de sang étaient permises ? Pourtant, « elles sont très digestes et très abordables », selon les aquaculteurs. Pas d'étiquette pour le préciser, pas de vantardise, discrétion absolue. Les professionnels français ne se risquent pas encore à les utiliser. Ça viendra, rassurez-vous.

Alors, qu'est-ce qu'on mange ?

Les achats de poissons et de crustacés « frais » ont diminué de 4,8 % en 2011. Cette baisse affecte toutes les familles des produits de la mer, à l'exception des produits traiteur. Les produits traiteur, c'est avant tout du surimi, des poissons panés, élaborés à partir de pulpe de poisson, des bouillies d'arêtes passées à la centrifugeuse, des plats préparés à partir de poisson globe-trotteur, congelé, décongelé selon les besoins. Ce sont les vedettes de la malbouffe, les stars de la fainéantise cuisinière :

pâté en croûte, carpaccio, paupiette, rôti, terrines, il existe même des gaufres aromatisées au poisson. De quoi être émerveillé par l'imagination délirante des industriels.

Est-il trop tard pour changer, pour essayer de consommer avec bon sens ? Non, on peut encore acheter du poisson frais au rythme des saisons de pêche, il sera moins cher, changer de menu, essayer des huîtres, les moules, les crevettes grises. Rayez de votre alimentation les crevettes roses, les thons rouges, les grenadiers, les grands prédateurs, requins, espadons, chargés de mercure, soyez inventifs, téméraires, variez les espèces, essayez les poissons oubliés, choisissez des produits locaux, français, de pêche plus responsable.

La « pêche durable » est tendance, tout le monde y va de son écolabel, aussi marketing que responsable, bien sûr. Passons sur toutes les horreurs que nous avons évoquées et essayons de voir s'il y a encore des raisons d'espérer.

Encourageons les bonnes pratiques. Le plus répandu des écolabels est anglo-saxon : MSC (Marine Stewardship Council). Cette ONG est basée à Londres et a été créée par le groupe Unilever, premier acheteur mondial des produits de la mer, et par le WWF (World Wide Fund for Nature). Rassurez-vous, cette ONG a pris son indépendance à l'égard des fondateurs, exit Unilever. Le MSC a développé une norme pour une pêche durable et responsable, c'est-à-dire dans le respect de la gestion des stocks. Soyons précis, c'est un label de durabilité, pas de qualité. Toutefois, ils sont très exigeants et la certification qu'ils octroient prend du temps, vingt mois avant d'autoriser l'apposition de leur logo sur les produits. Le respect du cahier des charges est contrôlé au moins une fois par an. Cinq pêcheries françaises ont obtenu leurs qualifications dernièrement : la pêcherie du lieu noir en mer du Nord, la sardine de bolinche en Bretagne du Sud, une pêcherie franco-britannique de homard, la pêcherie d'églefin et de cabillaud, la pêcherie de lieu noir de la Scapêche (Intermarché) et la compagnie des pêches de Saint-Malo. C'est peu, mais ça a le mérite d'exister.

Une autre bannière flotte sur les étals : « pavillon France » ; depuis l'année 2010 AgriMer, successeur de l'Ofimer, et Ifremer s'attachent à promouvoir les produits d'une pêche 100 % française. Certains pêcheurs aussi ont fait le choix de la qualité : filière Opale, Bretagne Qualité Mer, Normandie Fraîcheur Mer, Fraîcheur du littoral, l'Association des producteurs méditerranéens. Ces regroupements imposent un cahier des charges extrêmement strict à leurs adhérents : trait de chalut limité dans le temps pour ne pas abîmer les poissons, des cales identifiées pour éviter le mélange des espèces, un entreposage en chambre froide sitôt la pêche débarquée, un étiquetage assurant la traçabilité du poisson et la vente au premier acheteur en moins de 24 heures. Vous voyez, tout n'est pas perdu. D'autres labels s'efforcent de défendre le mode de capture, comme l'association des ligneurs de la pointe de Bretagne, qui pare ses poissons d'une petite étiquette orange. Cinq pour cent du marché, voilà ce que représentent ces signes de qualité, si on ne les aide pas, ils disparaîtront. La balle est dans notre camp – saisissons-la avant qu'il ne soit trop tard.

Pêche durable demande quand même un peu de vigilance. Par exemple, une grande enseigne de la distribution commercialise des filets surgelés de flétan, dorade et loup de mer, arborant fièrement le logo « pêche responsable ». Ce label correspond précisément à trois garanties : la qualité alimentaire, avec à la clef la sécurité sanitaire, la protection et la gestion de la ressource, et la protection de l'environnement. Voilà qui est bel et bon ! L'enseigne oublie de préciser que c'est elle qui vérifie le respect de ces bonnes pratiques, sans aucun contrôle indépendant. Une autre enseigne a choisi de frapper fort, en supprimant le thon rouge de ses linéaires, mais en privilégiant, *a contrario*, sous prétexte de faible empreinte écologique, le tilapia et le pangasius. On n'est jamais assez vigilant.

On peut toutefois se demander s'il y a des contaminants dans la mer.

Les contaminants susceptibles de se trouver dans les poissons (PCB – polychlorobiphényles, anciennement utilisés dans les transformateurs et les gros équipements électriques –, les dioxines, les retardateurs de flamme polybromés, le mercure) sont des composés chimiques peu réactifs, et donc persistants. Ils sont peu solubles dans l'eau et, au contraire, solubles dans les graisses. Mais des concentrations maximales admissibles dans les produits de la mer ont été fixées, et d'une manière générale, les teneurs mesurées dans les espèces destinées à la consommation sont bien inférieures aux limites de résidus. Enfin, c'est ce qu'affirment scientifiques et organismes d'État.

Les espèces les plus à risque sont les poissons gras, sardines, maquereaux, saumons, anguilles. Quant aux grands prédateurs, thon et espadon, c'est surtout en mercure que leur seuil de contamination peut être élevé.

Après la lecture de ce chapitre, je vous souhaite quand même bon appétit, c'est possible, mais soyez vigilants.

Chapitre 4

La viande, les viandes et le minerai

Au cas où vous ne le sauriez pas encore, apprenez que la viande n'est plus de la viande. C'est un produit, une marchandise comme une autre : le bœuf n'est plus tout à fait du bœuf, il n'a plus de cornes depuis que les beaux esprits de la recherche agronomique ont décrété soit qu'il fallait scier — ou brûler – les cornes des bovins dès leur plus jeune âge, soit sélectionner ceux qui n'en avaient pas. Le produit viande se vend maintenant en pièces détachées au plus offrant ; selon la loi du marché, il peut voyager, passer les frontières, s'exporter et revenir dans son pays d'origine. Pendant son périple, il passe d'intermédiaire en intermédiaire, plus ou moins honnête, toujours selon la loi du marché. 99,5 % de la viande consommée en France provient du système industriel. Le 0,5 % restant est issu d'élevages fermiers et locaux.

Un petit retour en arrière s'impose pour comprendre le plan imparable qui a été mis en place. Dans les années 1950, manger du bœuf était pour les masses laborieuses à la fois un gage de santé et l'accès à un statut social. Nos parents et nos grands-parents n'allaient pas au boulot, ils allaient « gagner leur bifteck ». Les familles, selon leurs revenus, en mangeaient plus ou moins souvent, en quantité variable. En 1953, le kilo de bœuf coûtait 800 francs, le salaire horaire d'un ouvrier se situait autour de 10 francs, il fallait donc travailler quatre-vingts heures pour acheter un kilo de viande. En 2014, le prix moyen du kilo de viande de bœuf est de 24 euros. La viande, en se démocratisant, a perdu ses quartiers de noblesse. Le bœuf, à l'égal du saumon et du foie gras, produits d'élevage très concurrentiels, ne peut plus prétendre à régaler qui que ce soit.

À cette époque, finalement pas si lointaine, la traçabilité [1] – barbarisme pour répondre à la crise de la vache folle – n'existait pas encore. Les bêtes, souvent pour des raisons sanitaires, ne franchissaient jamais les frontières du canton, elles étaient engraissées, abattues et consommées sur place.

Dans les grandes villes, l'origine des bêtes était plutôt douteuse. À Paris, les abattoirs de la Villette, bien que drainant la production du Bassin parisien, recevaient déjà les premières bêtes importées.

Dès l'ouverture du marché commun et de l'industrialisation de la filière, la naissance de la grande distribution allait semer la panique et la confusion. Les augures n'étaient pas des plus optimistes sur l'évolution de la boucherie de détail et sur la qualité de la viande. Le 11 août 1953, Monsieur Pleven, président du Conseil, lança ce que la presse baptisa « l'opération bifteck », destinée à calmer les populations alors en pleine explosion démographique, qui grondaient contre la vie chère. Les préfets reçurent compétence pour fixer par arrêté le prix limite de vente de viande

1. De l'anglais *traceability*. Apparaît dans la langue française en 1994, *Le Petit Robert*.

au détail de boucherie, de charcuterie et de cheval. Jusqu'en décembre 1986, l'abrogation de la taxation de la viande fut l'unique préoccupation du syndicat de la boucherie française. Quel gâchis !

Dans les campagnes, l'heure de la revanche avait sonné, le boucher avait perdu sa situation monopolistique, le maquignon pouvait sortir du jeu. L'exploitant des paysans était devenu l'ennemi à abattre. Les paysans et leurs syndicats décidèrent de s'organiser, se voyant déjà à la tête de coopératives et d'abattoirs, commercialisant eux-mêmes le bétail, et investissant dans les ateliers de découpe. Les supermarchés en France poussaient comme des champignons, la viande enfin bon marché, démocratisée, devint un produit d'appel, la génération du steak frites était née.

Tout le monde était content, mais la filière ne savait pas encore qu'elle ferait les frais de ces bouleversements.

En 1960, Georges Chaudieu, observateur avisé du monde de la viande, en faisait la remarque, non sans ironie [1] : « Ceux qui réclament de plus en plus fort des portions de plus en plus grosses de bifteck pommes frites, dont ils ont déjà oublié la véritable saveur, se préparent aussi peu à peu à la ration standard. Quelques économistes, quelques beaux discours, quatre articles de journaux, des émissions de télévision bien organisées, et les voilà, après avoir atteint puis dépassé le hamburger américain, prêts à manger protéines de pétrole et acides aminés de synthèse. Le pas sera franchi. L'ersatz aura tout conquis, les cerveaux et les corps. La civilisation du bifteck pommes frites aura préparé celle encore pire de la synthèse

1. *Boucher qui es-tu, où vas-tu ? ou la fabuleuse histoire des bouchers, celle d'hier, d'aujourd'hui et de demain*, éd. Peyronnet.

intégrale. À ce stade, il n'y aura plus de civilisation. » Il ne manquait plus que la vache folle pour parfaire ce tableau étonnamment prophétique. Patience, elle arrivait d'un pas tranquille.

Dans les années 1965-1970, les paysans découvraient les délices de l'agriculture intensive, les industriels de la viande mettaient en place leur sinistre manigance, la gigantesque braderie du bœuf pouvait commencer. Les enseignes de la grande distribution s'arrogeaient un quasi-monopole de la distribution. Rapidement, leur part de marché du bifteck passa de 20 à 80 %. La mort de la boucherie de détail devint inexorable : 50 000 boucheries après la Seconde Guerre mondiale, 20 000 au début des années vache folle. Les gigantesques usines à viande Soviba, Charal et Bigard, propriétaires d'immenses abattoirs et ateliers de découpes, achetaient du bétail sans discernement sur l'ensemble du territoire, sans hésiter à faire parcourir aux animaux des centaines de kilomètres avant qu'ils n'atteignent les sites d'abattage.

Des animaux de toutes origines, de toutes races – laitières ou à viande –, de tous types – vache, génisse, taurillon, bœuf, taureau –, ressortaient pêle-mêle sous forme de morceaux prêts à découper, de hamburgers, ou de viandes en barquettes. Apparurent à ce moment les portions sous vide longue conservation, appelées « fourreaux hebdopack », et les plats cuisinés. C'était l'époque bénie pour les industriels de la VSOF (viande sans origine fixe), la traçabilité n'existait pas encore.

L'objectif était déjà le prix, le meilleur prix, le super prix. Conséquence : le bœuf perdit de sa suprématie au profit du poulet, de la dinde, du porc et du lapin, des viandes dites « blanches », meilleur marché depuis que les paysans avaient découvert les attraits de leurs élevages intensifs. Pourquoi s'échiner trois ans durant à engraisser correctement un bœuf, alors qu'en moins de quarante jours le sort d'un poulet de batterie était réglé, ou qu'un cochon sans gras pouvait parader sur les étals en six mois. On obéissait à un seul mot d'ordre : éliminer le facteur temps, élément pourtant essentiel de la qualité, mais partie intégrante du prix de revient.

Sitôt la bête abattue, la carcasse est découpée en deux, chaque partie comprenant chacune :

— des morceaux arrière, côtes avec os, entrecôtes, filets, rumstecks, aloyaux – des morceaux à rôtir, à griller ou à poêler ;

— l'avant ou la basse, gîte, paleron, plat de côtes, macreuse – des morceaux à bouillir ou à braiser.

En 1958, les industriels ont eu un coup de génie, trouver une solution pour se débarrasser des parties avant : le steak haché. Inventé pour nourrir les troupes françaises stationnées sur le front algérien, il s'appelait alors « roty-steak ». Devant le succès, les industriels ont vite compris qu'il fallait en faire un plat national.

Mais que faire des os et des carcasses ? De la farine pour nourrir les animaux. Voilà comment on en est arrivé à la dramatique épidémie de la vache folle. Nous n'étions pas les seuls, en Europe, à avoir trouvé cette technique ingénieuse : les Britanniques s'y étaient mis aussi, mais sans respecter les règles élémentaires. En 1991, on découvrit quelques cas de vache folle dans nos étables, cinq, mais aucun en

1992, un en 1993, quatre en 1994, trois en 1995. Statistiquement, rien de significatif. On alluma quand même un premier contre-feu, trois lettres : VBF (viande bovine française). On pensait ainsi qu'il n'y avait aucun risque à manger du bœuf français... jusqu'au 21 mars 1996, quand les Anglais mirent l'embargo sur la viande britannique. Panique ! 60 % de baisse de la consommation de la viande. Vite, vite, vite, deuxième contre-offensive : la traçabilité. Bizarrement, les industriels furent capables de nous donner très rapidement des garanties sur ce qu'ils ignoraient la veille. En moins de 24 heures les étiquettes valsèrent, « filière qualité » par-ci, « produit français garanti sans farine animale » par-là. On trouva des responsables : les fabricants britanniques, qui avaient insuffisamment chauffé les farines aux bonnes pressions et aux bonnes températures, ce qui leur permettait de vendre moins cher. En France, les équarisseurs affiliés à des groupes publics furent exemptés de tout reproche, officiellement, d'ailleurs, aucune enquête ne fut jamais diligentée pour retrouver les coupables.

Qu'est-ce qu'on mange, en France ?

Un professionnel de la filière affirme : « Aujourd'hui, on produit tout et n'importe quoi en France. » On loue les qualités gustatives de la vache montbéliarde. Bien que son lait soit de belle qualité gustative et idéal pour le fromage, sa viande n'a rien de comparable. Elle n'est pas de même niveau que celle d'une race à viande, il ne faut pas confondre. Certes, pour ne pas confondre, il faudrait qu'on apprenne ou qu'on nous informe que la viande peut être issue de deux troupeaux, celui des races laitières et celui des races à viande, dites allaitantes, mais les pouvoirs publics et la filière viande n'ont aucun intérêt à nous informer de ce qu'il y a réellement dans nos assiettes. Ni vu, ni connu.

La filière bovine est si complexe, si opaque ! De l'animal à l'assiette, il y a de nombreuses étapes, et des opérateurs de tous les horizons se succèdent. Sur les étals, les viandes proviennent d'animaux qui n'ont pas les mêmes origines, pas le même âge, ni les mêmes caractéristiques physiques. Admettons d'abord, une bonne fois pour toutes, que nous ne mangeons pas du bœuf, mais principalement de la vache. Cette vache est issue d'un cheptel bovin de 18 992 000 de têtes (chiffres Eurostat, d'après SSP 2011), le plus important de l'Union européenne, soit 20 % de l'ensemble du cheptel européen.

Nous nous trouvons donc en présence de deux troupeaux :

— un troupeau de race laitière, qui comptait 3,6 millions de vaches en 2011, situé principalement de la Bretagne aux Pays-de-la-Loire jusqu'aux contreforts du Massif central. L'icône de cette production laitière est la Prim'Holstein, dont nous avons pu voir les méfaits dans un chapitre déjà traité, « Le lait » (voir p. 19). Cette vache « porte-manteau », génétiquement programmée pour pisser du lait, est très résistante et facile à élever. Subsistent à ses côtés quelques races mixtes, normandes et montbéliardes. Ce troupeau laitier ne va plus au pré, les vaches vivent selon les principes américains du « no grazing », en stabulation sur du ciment (de 2 à 3 m^2 par vache), cantonnées à produire, dépendantes de leurs robots de traite dans les usines à lait les plus modernes. L'animal est pour ainsi dire dressé, il se présente spontanément au robot, qui lui offre une petite récompense en échange de sa docilité. Son alimentation est composée essentiellement d'ensilage (méthode de conservation du fourrage par fermentation), de maïs, riche en énergie mais peu protéique. Cette gourmandise est complétée avec de grosses quantités de tourteaux de soja (ce qui reste après l'extraction de l'huile). Le soja vient du Brésil à 56 % et d'Argentine à 38 %. L'Union européenne importe 80 % de ces protéines principalement destinées à l'élevage. La France tient le pompon du plus gros importateur, elle ne produit que de 2 à 3 % de sa consommation de soja. On le sait, le prix du soja fluctue, aussi, quand il est à la hausse, les agricultures jouent sur les sous-produits (comme la pulpe de betterave) pour nourrir leurs bêtes, auxquelles ils ne demandent pas d'aimer mais de s'adapter.

— Le troupeau des races à viande ou allaitantes tire son nom des femelles qui allaitent leurs petits. Ce troupeau compte un peu plus de 4 millions de vaches, principalement des charolaises, des limousines, des blondes d'Aquitaine, l'aubrac et la salers. Quelques autres races locales subsistent, mais elles sont malheureusement en voie de disparition. L'alimentation de ce troupeau est plus appétissante, composée d'herbe, l'été, et de foin et d'ensilage d'herbe, l'hiver, quand celui-ci rentre à l'étable.

Ces deux troupeaux fournissent plusieurs catégories d'animaux.

— Les laitières donnent des veaux destinés à l'élevage industriel. Les jeunes femelles de ce troupeau, environ 20 %, sont sélectionnées pour le renouvellement des troupeaux.

— Les allaitantes donnent des génisses de 12 à 30 mois. Elles ne connaissent pas l'humiliation de l'insémination artificielle, n'ont pas de veaux et sont principalement destinées à l'exportation vers l'Espagne.

Une autre catégorie du troupeau allaitant produit des veaux qui sont en partie exportés, à l'âge de 8-10 mois, vers l'Italie et l'Espagne ; les autres sont engraissés en France. Ce troupeau allaitant produit également des mâles. Castrés à 18 mois, ils deviennent du bœuf. Parmi les mâles, comptons le taureau, qui peut être destiné, puisqu'il est entier, à la reproduction, mais l'insémination prive la plupart du temps la vache de ce plaisir.

Comme on s'en rend compte, la viande bovine est issue d'animaux de toutes races et à des degrés divers, auxquels il faut bien ajouter, pour être complet, les vaches elles-mêmes, mères du troupeau. En effet, après plusieurs années à donner des veaux, et par conséquent du lait, les vaches sont réformées et commercialisées pour faire de la viande. À la fin de leur carrière, vers 6 ou 7 ans pour les laitières, et 7 à 10 ans pour les reproductrices, elles partent à la réforme. Toutes les réformes ne sont pas identiques. Les reproductrices, issues du troupeau à viande, ont été élevées pour faire de la viande, alors que les laitières sont des machines à produire du lait dont la viande est un sous-produit. Avant d'être envoyées à l'abattoir, les vaches laitières doivent être taries jusqu'à la fin du cycle de lactation. Elles sont en principe isolées et ré-engraissées avec des farines, des céréales, et parfois même remises à l'herbe, pour « refaire du muscle ». Cette période de réforme peut durer quatre mois. J'ai pu constater par moi-même, en visitant des abattoirs, que l'exigence du tarissement n'était pas toujours respectée. Quant à la période de réforme, elle est peu fréquente, à l'exception de quelques éleveurs très sérieux mais rares. Une bonne vache de réforme retrouve une viande superbe, persillée et goûteuse, mais comme l'engraissement n'est pas payé à sa juste valeur, on fait rapidement tourner les animaux pour économiser de la nourriture.

Ces bêtes, appelées, à tort ou à raison, vaches de réforme, représentent plus de la moitié de notre consommation de viande bovine. En 2012, sur 1,6 million de tonnes – ce qui équivaut à la carcasse de viande bovine consommée en France –, 79 % venait de femelles, 70 % de vaches, et 9 % de génisses (chiffres communiqués par l'Institut de l'élevage). Voilà des chiffres qui permettent d'affirmer que ce qu'on nous vend pour du bœuf est en réalité de la vieille vache.

Évoquons maintenant le cas du veau. Sous le nom du petit de la vache se camouflent des animaux dont la viande n'a strictement rien de commun.

— Le plus courant est le veau issu de l'élevage intensif. « Le veau de batterie, c'est de la merde », ce n'est pas moi qui le dis, pour une fois, mais un éleveur. Ces veaux font les choux gras de l'industrie, mais la honte des tables dignes de ce nom. Sa viande est claire, insipide, pisseuse. Une dizaine de jours après leur naissance, la plupart de ces veaux sont séparés de leur mère, parqués en stabulation avec leurs congénères, ils sont ensuite engraissés avec de la poudre de lait fournie par l'industrie laitière qui, par la même occasion, fournit aussi les veaux, afin de s'assurer que les surplus de recyclage sont bien utilisés. Aujourd'hui, nos poudres de lait sont importées essentiellement de Nouvelle-Zélande et ne contiennent pas de lait. Elles sont reconstituées à partir de produits dérivés et d'huile végétale (principalement de l'huile de palme). En Belgique, 70 % des bêtes sont encore

« trafiquées » ou « injectées », aux États-Unis, 84 % de la viande est traitée aux anabolisants : trois hormones naturelles (œstradiol, testostérone et progestérone), et deux artificielles (trenbolone – stéroïde anabolisant – et zinadol). En France, ces pratiques sont en principe interdites, mais qu'à cela ne tienne, si les veaux en sont privés, ils profitent quand même d'antibiotiques fournis aux paysans par les mêmes qui livrent les veaux et l'alimentation... « Ces pauvres bêtes, il faut bien les piquer, la vie en communauté est pleine de danger. » La viande, de ce qu'il est difficile d'appeler des veaux, est blanche comme du poulet, dans la profession, ces bêtes sont surnommées « crevards » ou « veaux de caisse ». Il est conseillé de ne pas y toucher, peu de chance d'y trouver un plaisir gustatif de toute façon. Il est scandaleux de produire une alimentation indigne du consommateur, de faire perdre à l'éleveur son statut de paysan, et d'en faire un ouvrier du bétail soumis à ses fournisseurs. Ces veaux-là font tourner à plein régime les chaînes d'abattoirs industriels.

— Les taurillons de batterie sont de « jeunes bovins », abattus avant 24 mois, engraissés à l'ensilage de maïs. Ces bêtes atteignent 500 kg de poids carcasse en un temps record. Honte, honte !

Ces deux types d'animaux sont chargés à cinquante ou cent par camion pour rejoindre l'abattoir.

— Le broutard, appelé jeune bovin, a plus de chance que les précédents. Il goûte à l'herbe, pas très longtemps, puisque vers l'âge de 9-10 mois il est exporté vers l'Italie. Les broutards qui restent en France sont vendus sous la même appellation « jeune bovin », leur viande rosée est bonne, très tendre, mais le marché français ne l'apprécie guère, il veut avec avidité de la viande très rouge.

— Les veaux sous la mère, à la savoureuse texture, chair blanc rosé très clair, sont un privilège pour les nantis ; les veaux du « Ségala » ou les veaux « d'Aveyron » peuvent évoquer le veau sous la mère. Cette viande de qualité est labellisée, une goutte d'eau dans la filière, il faut le reconnaître.

Le passage à l'abattoir

Pendant longtemps les abattoirs ont été exclusivement publics, mais avec l'industrialisation de la filière, ils ont été privatisés. Bigard, Charal et Socopa sont les poids lourds du secteur. Les établissements publics ne couvrent maintenant plus que 8 % de la viande (rapport du Conseil général de l'alimentation, de l'agriculture et des espaces ruraux, 2010). Plus nombreux, les abattoirs privés sont dotés d'une plus grande capacité d'accueil, ils traitent 17 266 tonnes de carcasses à l'année, alors que les abattoirs publics ne sortent que 2 916 tonnes. Il faut faire tourner les chaînes. Et pour qu'elles tournent, il faut de la matière première, autrement dit des animaux, le plus souvent issus de l'élevage intensif à haut rendement. On retrouve donc trop fréquemment dans son assiette une viande bas de gamme, pour les trois quarts issue de l'élevage laitier, mais irréprochable d'un point de vue sanitaire : « Il n'y a pas un produit aussi contrôlé que la viande bovine ! » C'est en tout cas ce qu'affirme Thierry Saint-Saens, directeur commercial du groupe Sicavyl, spécialisé dans l'abattage et la transformation de la viande charolaise.

Pour éviter le transport entre différents sites, les abattoirs regroupent plusieurs maillons de la chaîne : abattage, découpe, fabrication et emballage.

Les contrôles vétérinaires, *ante* et *post mortem*, sont rigoureux, chaque abattoir doit avoir un ou plusieurs vétérinaires sur place pour contrôler essentiellement les viscères. Les responsables des abattoirs disent que, « normalement », les bêtes sont triées et nettoyées si elles sont trop sales. Pour avoir visité à plusieurs reprises un certain nombre d'abattoirs, différents les uns des autres, j'ai pu constater que la plupart des bêtes arrivaient très sales, trop sales. Normal, me direz-vous, les bêtes en stabulation pataugent et dorment dans leurs excréments, alors que les éleveurs peuvent percevoir une petite aide s'ils amènent des bêtes propres à l'abattoir.

Pourquoi n'installe-t-on pas des douches et des pédiluves le long de la chaîne quand les animaux patientent avant de rentrer dans la tuerie ? On voudrait nous faire croire que la merde qu'on avale est hygiénique… Pour nous rassurer, sans doute. Si des contrôles tout au long de la transformation existent, les contrôles inopinés, émanant d'organismes tiers, sont plus rares. « Une ou deux fois par mois », affirme le directeur de l'abattoir Bigard de Venarey-les-Laumes, en Bourgogne (200 tonnes de viande par semaine). Thierry Saint-Saens nous dit « une dizaine de fois par an », un autre spécialiste de la filière, plus modeste, prétend : « Une ou deux fois par an pour les petits abattoirs », tout en précisant, « et en plus on les prévient avant la venue des agents. Si jamais il y a des doutes, on étouffe l'affaire chez le préfet, il y a trop d'emplois en jeu ». Soyons sérieux, les agents de la Répression des fraudes ne peuvent pas être partout, et ils le seront de moins en moins – on a encore réduit leurs effectifs d'un millier d'agents, en 2013.

Dans une telle toile de fond, comment prévenir les dérapages et un nouvel « horsegate » ?

La situation est d'autant plus préoccupante que, depuis 2012, les importations de viande en France en provenance de l'Est et de la Turquie croissent à vue d'œil. Le prix de la viande est de plus en plus élevé, personne ne veut l'augmenter pour qu'elle soit vendue à un prix juste. Plus grand monde ne joue le jeu, les chevillards et les traders préfèrent importer des produits à bas prix. On croit rêver ! On exporte des races à viande pour importer des vaches laitières avec lesquelles on produit des morceaux nobles comme le faux-filet ou l'entrecôte. Pour entourlouper la ménagère dans les rayons, on mélange des viandes d'origines diverses. Pressée, elle les balance dans son caddie, peut-être a-t-elle mis la main sur de l'aubrac certifiée française qui peut se trouver là en produit d'appel. Ces accommodements ne sont pas le privilège de la grande distribution, tant s'en faut, puisque, le plus souvent, les bouchers manipulant plus volontiers la fourchette à deux dents que le couteau, vendent des morceaux sous vide piécés dans les abattoirs.

La France importe aussi beaucoup de vaches d'Allemagne et d'Irlande pour satisfaire une demande supérieure à sa production. À l'inverse, elle exporte des jeunes bovins pour faire tourner les ateliers d'engraissage italiens. En général ces bêtes finissent dans la RHD (restauration hors domicile) sous forme de plats préparés, et dans ce cas, vous n'avez aucune chance de retrouver l'origine de ce que vous mangez.

Permettez-moi une parenthèse à propos de ce qu'on appelle la restauration hors foyer (RHF), qui veut d'ailleurs dire la même chose que RHD : cette restauration concerne les cantines scolaires, les CROUS, les hôpitaux, les prisons et les maisons de retraite. Au nom de la sécurité alimentaire et de la rentabilité, on a fermé les cuisines, licencié les intendants et les cantinières, pour les remplacer par des cuisines centrales aseptisées, normalisées – dehors, les microbes ! Dans des salles blanches comparables à des blocs opératoires, ventilées à 10 °C, des hommes et des femmes en tenue chirurgicale des pieds à la tête, un masque sur le visage. Non, ils ne cuisinent pas, ils assemblent des ingrédients, réchauffent des plats surgelés. Étonnez-vous qu'il y ait des plaintes d'écoliers, d'étudiants, de malades, de prisonniers, et posons-nous la question : Qui est responsable ? Qui vote les budgets ? Les ministres, les élus locaux, départementaux ou régionaux. Bel exemple d'hypocrisie. Pensez-y quand vient le temps des élections, c'est le bon moment.

On nous informe que, même en pièces, autrement dit en morceaux, on ne peut plus se tromper sur l'origine de la viande. La réglementation européenne a encore frappé, elle impose que l'origine nationale de la viande bovine soit indiquée – article 16, du règlement 1760, sur 2000.

En France, on a donc trouvé un logo, une mention qui indique que les viandes portant l'étiquette VBF (viande bovine française) sont bien nées, élevées et abattues sur le territoire français. On peut même trouver d'autres appellations, comme « viande de nos terroirs » ; c'est un effet de communication qui ne correspond à rien. Outre le logo VBF, seules deux appellations peuvent apparaître dans le circuit : « race à viande » pour les GMS (grandes et moyennes surfaces), et « race à viande – sélection bouchère » pour les artisans bouchers. Cette démarche qualité doit nous garantir l'origine des bovins et leur élevage selon de bonnes pratiques. Le sigle « race à viande » ou « race à viande – sélection bouchère » nous indique que les carcasses ont été sélectionnées à partir de races à viande uniquement charolaise, limousine, blonde d'Aquitaine, rouge des prés, salers, aubrac, gasconne, parthenaise, bazadaise, blanc-bleue, ou croisement entre elles. Le cahier des charges est très sévère puisqu'il stipule la maîtrise des conditions de ressuage selon la norme NFV 46-001. Autrement dit, la température ne doit pas descendre en dessous de 10 °C en moins de dix heures après l'abattage, sauf s'il y a stimulation électrique. Elle précise même la maîtrise de la tendreté, en indiquant que le pH doit être, de dix-huit à vingt-quatre heures après l'abattage, inférieur ou égal à 6.

Avouez qu'il y a de quoi se réjouir et approuver ce cahier des charges, tout en s'étonnant que, quelquefois encore, quand le steak est dans l'assiette, le couteau coupe plus facilement la faïence que la viande, ou même que sa coloration soit brune, sombre, son toucher collant, bref, immangeable. Ces désagréments s'expliquent : certaines bêtes n'ont pas été finies, taries, et elles sont arrivées fiévreuses à l'abattoir. Elles sont sorties tout droit de la salle de traite pour aller à l'abattage. Cela arrive notamment lorsque la conjoncture laitière est morose, comme ces derniers temps. On laisse même filer les animaux qui montrent des marques de cachexie (carcasse maigre et œdémateuse). Indigne de vous, messieurs les laitiers. Que se passera-t-il lorsque le régime des quotas prendra fin, le 1er avril 2015 ? Il risque d'y avoir une mutation, une modification des apports en viande, encore constitués aujourd'hui à 40 % d'animaux issus de vos troupeaux laitiers. N'oubliez pas, vous n'avez plus que deux ans devant vous.

Vous avez compris, consommateurs, si vous cherchez la qualité, le plaisir, allez du côté des races à viande certifiées, le prix sera sûrement plus élevé mais la saveur, la croque, la jutosité, ou le plaisir seront là. Vous le savez bien, le plaisir n'a pas de prix.

Le 4 février 2013, il y a tout juste quelques mois, la Commission européenne a pris une décision inique. La presse en a peu parlé, radio et télévision se sont enfoncées dans un silence prudent, et la filière viande est restée muette. Comprenez qu'il a été mis un terme au dépistage de l'ESB systématique des animaux « sans signes cliniques apparents ». Après l'épidémie de la vache folle, qui avait failli asphyxier la filière, en plein scandale de la viande de cheval importée par une coopérative agricole française, alors qu'on parle de la réintégration possible des farines animales, cette décision capitale est passée inaperçue. L'Union européenne a cédé à la pression des États membres, qui dénonçaient les coûts élevés de ces dépistages. Seule l'autorité européenne de sécurité des aliments, l'EFSA, a garanti un système sain à 95 %. Pas grave, il n'y aura que les 5 % restant qui seront touchés.

Une fois abattus, les animaux sont découpés, il n'y a presque plus de débouchés pour les carcasses entières ni même pour les demi-carcasses. La viande est très souvent vendue en morceaux, piécée comme ils disent, méthode qui laisse la porte ouverte aux possibles arnaques. En morceaux, il est quasi impossible de repérer les origines. Pourquoi ? De moins en moins de bouchers sont capables de les travailler, par manque de formation, les jeunes bouchers ont perdu le savoir-faire traditionnel. Le métier est exigeant en temps et en trésorerie. Rares sont ceux, en France, une cinquantaine, en étant optimiste, qui peuvent s'offrir le luxe d'aller chez l'éleveur choisir une bête sur pied. Nous l'avons vu, les abattoirs de proximité sont loin et, entre le jour de l'abattage et la date d'enlèvement de la carcasse, il faut compter plusieurs jours. Le rôle d'un boucher est d'être derrière son étal et pas au volant de son camion, il est donc condamné à faire appel à des chevillards, des grossistes en viande. La boucherie traditionnelle représente seulement de 10 à 30 % des clients d'un abattoir. Et voilà que maintenant, dans les campagnes, ils sont directement concurrencés par les éleveurs, qui font abattre et vendent eux-mêmes leurs viandes en caisses, sans être obligatoirement équipés d'une chaîne de froid ni d'un écoulement des produits rassurant. Autre source d'étonnement : certains artisans bouchers vendent du Bigard n° 1. On nous dit que ce ne sont ni les mêmes bêtes ni les mêmes prix que dans la grande distribution. Rassurez-vous, braves gens, mais essayez toutefois d'obtenir la preuve de ce qui est affirmé.

Ne me faites pas écrire ce que je ne pense pas, chez Bigard et les autres industriels on trouve de la bonne viande, et de la moins bonne, seulement ils ne peuvent pas faire tourner leurs usines avec uniquement quelques bêtes nourries à l'herbe. En France, la qualité existe, elle est là. Nous avons rencontré un boucher, Roger Forestier, il exerce depuis 1957, et il nous dit : « Une bête nourrie à l'ensilage, ça se voit à la nature du gras, blanc et huileux. Je n'en veux pas, les bêtes que l'on a poussées manquent de saveurs, seules les races à viande issues d'élevages extensifs rentrent chez moi. » Il n'est pas fou, Roger Forestier ! Il ajoute, « la qualité de la viande est incomparable, sur le plan organoleptique, comme sur le plan nutritionnel. La viande élevée à l'herbe est plus riche en bons omégas 3, alors que la viande des animaux élevés au cocktail ensilage de maïs/tourteaux de soja est médiocre, insipide, pleine de mauvaises graisses. Cette viande peut maturer au moins dix jours avant que je ne la commercialise, ainsi elle donnera toute sa finesse. La maturation : une étape essentielle, malheureusement de moins en moins respectée ».

Les viandes qui portent le logo « race à viande » sont en principe soumises à des étapes incontournables. Le cahier des charges prévoit une maturation de sept jours au minimum entre la date d'abattage et la mise en vente, essentiellement pour les pièces à griller et à rôtir, à l'exception de quelques morceaux rares, la hampe, l'onglet, la bavette et le filet, qui peuvent être commercialisés sans maturation. Pour les viandes piécées, conservées sous vide, la durée minimale de maturation est portée à dix jours. La génération steak frites et viande hachée a flingué les modes de consommation. Qu'est-ce qu'un boucher peut faire d'une carcasse s'il n'utilise que les pièces à griller ou à rôtir ? Peu de gens ont encore envie de faire du bœuf aux carottes, du bourguignon ou du pot-au-feu. Tout le monde, détaillants et consommateurs, veut des produits réguliers, standard, propres, sans surprises. À l'heure où on ne cesse de louer la gastronomie française, où les émissions de gastro-réalité cartonnent sur le PAF, les Français ne savent plus beaucoup cuisiner les plats traditionnels. Triste réalité. Même la grande distribution lance des campagnes d'information, vend des morceaux à bouillir ou à braiser accompagnés de fiches de recette pour les accommoder. C'est dire.

En 1975, soit dix-sept ans après son invention, la viande hachée représentait moins de 1 % du volume de la viande consommée. En 1995, 7 %, et actuellement, 30 %. On l'a compris, c'est un secteur clef pour la filière, avec une augmentation qui n'est pas près de ralentir. Ces viandes hachées sont fabriquées à partir de :

— vaches laitières – de vaches laitières usées, en bout de course, surnommées « les tréteaux » ;

— taurillons engraissés ;

— viandes importées.

Voilà ce qu'est le fameux « minerai », des chutes d'agglomérats, de découpes et de tissus graisseux, devenues le socle d'une grande partie des plats cuisinés industriels. Cette mixture farcira les tomates, participera à la moussaka et aux lasagnes, vendues sous l'étiquette « produit maison » ou « comme à la maison », bombardées de sirop de glucose, d'acidifiant, d'acétate de sodium (E262 : acidifiant d'origine naturelle ou synthétique, généralement considéré comme inoffensif mais déconseillé aux enfants et aux femmes enceintes), de cochenille (E120 : colorant rouge fabriqué à partir d'insectes écrasés ou chimiquement, pouvant occasionner asthme, eczéma, insomnies, à proscrire pour les enfants), de quelques vitamines, acide ascorbique, entre autres (E300 : vitamine C), le tout assaisonné d'un soupçon de maltodextrine de pomme de terre et, quand même, de quelques arômes naturels. La voilà, la « recette maison » ! Vous en reprendrez bien un petit peu ?

Comment trouver des produits qui permettent de réduire encore les coûts ? En ayant recours à des négociants spécialisés, des traders, qui achètent la viande aux États-Unis et en Australie, l'importent aux Pays-Bas, la stockent et la revendent un peu partout en Europe. Située à Nice, *Nice to Meat International*, une PME française, s'est spécialisée dans ce commerce lucratif. Ces traders gagnent de l'argent uniquement sur les bas morceaux et sur le gras, et non sur le haut de gamme, car la marge est trop faible. Vendre, vendre beaucoup, de tout, du moment que ça peut rentrer dans l'assiette et qu'on ne se pose pas de questions.

En ce qui concerne la viande bovine vendue à la pièce, on l'a dit et il est bon de le répéter, il y a obligation de tracer et de mentionner le pays de naissance, d'élevage et le type d'abattage de l'animal, l'abattoir et l'atelier de découpe, mais dès qu'un produit est transformé, il n'y a aucune obligation de traçabilité d'aucune sorte. Cette loi imposée par l'Europe est donc à l'origine de toutes les malversations et de toutes les truanderies.

Le ministère de l'Agriculture a pour projet d'imposer une meilleure transparence sur les produits transformés. Les industriels sont d'accord, prêts même à jouer le jeu et à apporter plus d'informations sur l'étiquette. En échange d'une augmentation des prix ! De 15 %. Un choix crucial. Mettre de la merde dans un produit transformé permet des prix bas. Éradiquer cette merde implique d'acheter des produits de base de qualité, plus chers. Que veulent les consommateurs, de la merde bon marché ou un produit qualitatif à un prix juste ? Et si on organisait un référendum ? Chiche, on le fait ?

En 2009, la France a produit 1 664 milliers de tonnes de viande (chiffres de la Commission européenne et de the United States Department of Agriculture). De tels rendements supposent un système de production intensif, les élevages sont des machines de guerre pour faire du profit. Il fallait bien, après la guerre, nourrir une population encore assujettie aux tickets de rationnement. On oublie que, jusqu'en 1949, la viande était rationnée en France à 200 grammes par semaine, alors que c'est ce qu'aujourd'hui les accros du rumsteck avalent chaque jour. On est rapidement passé de la sous-production à la surproduction. Même si aujourd'hui on assène, à coup d'affichages et de spots publicitaires, nos « troupeaux du terroir », « élevés à la ferme », « élevage de tradition », ne soyons pas dupes. La majorité du troupeau laitier, qui fournit la plus grande quantité de viande, est élevée au maïs ou aux tourteaux de protéines. Le maïs est généralement produit sur l'exploitation, mais il peut être fourni par les coopératives sous forme de semence avec l'animal, les compléments alimentaires et l'arsenal phytosanitaire utilisé à haute dose. La machine infernale poursuit sa course folle, quelquefois stoppée au gré des crises sanitaires. La dernière en date – en février 2013 – a eu des effets dévastateurs sur la filière. Certains abattoirs ont affiché une baisse d'activité de 10 %, mais au moins, cela a permis de mettre au grand jour les malfaçons et les fraudes en tout genre.

Même si la consommation de viande fléchit, le steak frites reste le plat le plus demandé au restaurant, et les Français les plus gros consommateurs de viande du monde : 25 kg par habitant par an, devant la Suède et l'Italie : 23 kg.

Est-ce que les jeunes Français, les adultes de demain, auront une chance de manger sans encourir de risques ? Il faut l'espérer. Les irréductibles de la qualité existent, ils continuent de se battre contre l'industrialisation massive et ses dérives. D'aucuns sont isolés, travaillent seuls, d'autres se regroupent. Pour vous redonner un peu d'espoir, un exemple : dans le Jura, on peut rencontrer les « Incorruptiblement verts ». Cette association rassemble cinquante éleveurs. Leur credo : une production bio, des circuits courts maîtrisés entre le producteur et l'acheteur, un prix de vente non négociable, environ 4 euros le kilogramme de carcasse, contre 3,50 euros en standards. Conclusion, la viande est goûteuse, destinée non seulement aux bouchers détaillants, mais aussi à la RHD et à la restauration collective.

Francis Charrière, un des éleveurs à la tête de ce groupe, affirme : « Quand on met de la bonne volonté, ça marche. On a mis en place une structure de long terme, avec un prix stable, toute l'année, sans surprise ni intermédiaire. » Les bêtes sont exclusivement nourries à l'herbe et au fourrage l'hiver. Le fumier est récupéré pour être épandu sur leurs terres, afin d'éviter la pollution des eaux souterraines et d'améliorer la production des cultures. Ces pratiques étaient en voie de disparition, au profit de l'épandage de pesticides et d'engrais. Pour les membres de cette association, il n'est pas question de revenir en arrière. Un autre vrai paysan, Yves Sauvaget, éleveur bio dans la Manche, représentant de la Commission Lait à la confédération paysanne, avoue : « Les vieux ne veulent pas faire machine arrière et les jeunes ne sont pas formés pour cela, ils nous rient au nez, en nous lançant : *vous avez vingt ans de retard.* » Lui considère qu'il a vingt ans d'avance.

Produire autrement signifie, pour certains, que jusqu'à présent ils « produisaient mal », aussi beaucoup d'agriculteurs se sentent « insultés », « incompris ». Le paysan est fier, on l'a encouragé à nourrir de plus en plus de bouches, et il considère à juste titre qu'il a rempli sa mission. Maintenant, on lui dit qu'il pollue et qu'il devrait être responsable de son territoire. Les mentalités évoluent, lentement, trop lentement. En 2009, le gouvernement a lancé un plan d'action nommé « Ecophyto ». Son but est d'inciter les paysans à découvrir d'autres horizons, des systèmes de production plus raisonnés, plus raisonnables. Deux mille fermes pilotes expérimentent au quotidien des techniques pour réduire l'usage de fongicides et autres produits « phytopharmaceutiques ». On les encourage à pratiquer la rotation des cultures, le désherbage mécanique, la pulvérisation à bas volume, etc. Projet ambitieux, mais qui devrait passer par le biais de l'enseignement dans les lycées agricoles, où l'on promeut encore l'agriculture extensive, le recours aux ingénieurs et aux gourous du phytosanitaire. Aura-t-on le courage de bouleverser les habitudes ? Les pieuses ambitions, c'est bien, les décisions, c'est mieux.

Le cochon

Rien n'a changé depuis la seconde moitié du XIXe siècle, ou si, des bouleversements ont eu lieu, mais qui ne sont pas allés dans le bon sens. Lisez plutôt ce texte écrit en 1854, sous le règne de Napoléon III, au retour d'un voyage en Grande-Bretagne (il aurait pu être écrit après un périple en France). L'auteur, Léonce de Lavergne[1], économiste libéral, fait un constat préoccupant qui laisse

1. *Essai sur l'économie rurale de l'Angleterre, de l'Écosse et de l'Irlande*, Guillaumin, Paris, p. 214-215.

paraître ses inquiétudes. Malheureusement, il influencera la politique agricole française :

« Les cochons, comme les bœufs, sont nourris sans sortir, dans des loges fermées et sur des planchers percés (...) On ne peut se défendre d'un sentiment pénible en voyant ces pauvres bêtes (...) Ces fabriques de viande (...) où l'animal vivant est traité absolument comme une machine, ont quelque chose de rebutant (...) Mais la grande voix de la nécessité parle ; il faut à toute force nourrir cette population qui s'accroît sans cesse, et dont les besoins augmentent plus vite que le nombre ; il faut abaisser autant que possible le prix de revient de la viande pour s'accommoder aux prix nouveaux et y trouver encore des bénéfices.

« Déjà, des plaintes s'élèvent sur la qualité de la viande (...) on dit que les tourteaux lui communiquent un mauvais goût (...) il est possible aussi que quelque maladie nouvelle se développe tout à coup parmi ces races inertes et obèses. »

Il est regrettable que Monsieur de Lavergne n'ait pas eu le temps de constater l'échec de ces initiatives ; les premiers élevages industriels échouèrent tant en France qu'en Angleterre : sans antibiotiques – découverts au XXe siècle seulement –, les animaux mouraient dans leur univers concentrationnaire. Une chance ? Non, un répit pour le cochon français.

Jusqu'en 1935, l'élevage des cochons était l'apanage des fermiers qui engraissaient deux ou trois porcs pour faire face à la consommation familiale. Ils étaient lourds et gras, vivaient à la va comme j'te pousse, les restes de table les contentaient, l'eau de vaisselle allongeait la soupe, ils vivaient en extérieur, glanaient, et selon l'abondance des récoltes, se satisfaisaient de quelques pommes de terre, topinambours et betteraves. Les deux tiers des cochons élevés en France étaient de races indéterminées. Petit à petit, les races régionales s'imposèrent : cul noir du Limousin, porc de Bayeux, porc basque, porc gascon, porc de Miélan, porc de l'Ouest, craonnais...

Les premières porcheries « dignes de ce nom » s'installèrent à proximité des fromageries. Les cochons nourris au petit-lait étaient très appréciés des charcutiers.

Très vite, les porcheries se multiplièrent à la périphérie des grandes villes. Songez que, en 1955, on recensait trois cents porcheries dans la région parisienne. Elles recyclaient les déchets alimentaires des restaurants et des casernes, mais les habitants se plaignaient des odeurs, des mouches, des rats, corollaires de la « nouvelle industrie ».

Avant la fin de la guerre, un porc d'origine anglaise, le Large White, fit parler de lui, et sa conquête des porcheries françaises commença. Solide musculature, fécondité exceptionnelle : toutes les qualités pour séduire les éleveurs déjà en quête de productivité.

La révolution se préparait. Dans les villes, les ouvriers réclamaient de la viande bon marché, et dans les campagnes, les agriculteurs voulaient gagner davantage. Les planificateurs, eh oui, on les appelle ainsi, furent formels : « rationaliser la production ». On assista alors à la naissance des premières usines à cochon, ce qu'il est convenu d'appeler dans le jargon : des élevages hors sol. Qu'est-ce que cela veut dire ? De sa naissance jusqu'à son départ à l'abattoir, le cochon vivait avec quelques centaines de congénères, claquemuré dans un bâtiment. Comme la poule pondeuse, il vivait mal son enfermement. Le malentendu s'installa entre les éleveurs et le cochon. Les premiers lui demandaient de manger peu et de grossir vite, et le second voulait faire du gras. Les généticiens trouvèrent l'hybride idéal, en accouplant la Large White avec le Land Race, d'origine danoise. Victoire ! Les truies hybrides cochonnèrent (mettre bas, du verbe cochonner, expression en usage dans le monde porcin) comme des lapines : huit... dix... douze... quinze porcelets par portée ! Un bonus de cinq gorets en vingt ans. Hourra !

La vie n'est pas toujours rose pour le cochon. Je vous déconseille vivement de tenter une visite dans un élevage. Âme sensible, défenseur du bien-être animal, s'abstenir. Entassés comme des sardines, parqués comme des fauves en cage, les porcs vivent reclus dans des espaces exigus, éclairés à la lueur des néons, sortant le groin pour s'abreuver dans l'auge. Ils piétinent sur des caillebotis, excréments et urines sont évacués directement dans une fosse, l'atmosphère est irrespirable, à la limite de l'asphyxie par l'ammoniac. Il fallut attendre 2003, le 2 janvier, précisément, pour que Bruxelles se décide à légiférer sur leur bien-être. Tout relatif, rassurez-vous : « *Tous les porcs doivent pouvoir accéder en permanence à une quantité suffisante de matériaux permettant des activités de recherche et de manipulation suffisantes, telles que la paille, le foin, la sciure de bois, le compost de champignon, la tourbe, ou un mélange de ces matériaux, qui ne compromettent pas la santé des animaux.* » Les éleveurs furent contre, mais des subventions les apaisèrent.

Dans les élevages concentrationnaires, les maladies sont fréquentes et les dépenses vétérinaires augmentent proportionnellement au nombre d'animaux, la piqûre d'antibiotique est donc toujours à portée de main… Les antibiotiques ne sont pas employés uniquement pour soigner les bêtes, mais aussi pour activer la croissance. En 1999, en Europe, le monde animal consommait 4 700 tonnes d'antibiotiques, 29 % pour soigner les animaux et 6 % comme facteur de croissance. À la même époque, la consommation humaine était de 8 005 tonnes. Rassurez-vous, l'utilisation de facteurs de croissance a chuté de 50 % (source FEDESA, Fédération européenne de la santé animale). Vous paraissez rassurés ? Sachez que, sur les animaux gavés d'antibiotiques, la résistance aux bactéries ne fait que s'accroître. C'est peut-être identique pour les humains !

À l'heure de la pâtée, le porc se précipite dans l'auge dans un concert de couinements et plonge son groin dans une bouillie marronnasse dont la composition peut changer en fonction des cours de la Bourse. Cette pâtée est composée d'un mélange de matières premières en fonction de leur coût, sans pour autant attenter au meilleur équilibre nutritionnel. Tout est bon pour le cochon : farine de poisson, farine de viande – interdite depuis la crise de la vache folle, mais les perspectives européennes ne sont pas rassurantes –, tourteaux de soja, résidus des huileries américaines, sous-produits divers, comme le *corn gluten feed* américain, déchet de l'amidon de maïs. Considéré comme la « poubelle » de la ferme, le cochon est devenu le « vide-ordures » de l'industrie agroalimentaire mondiale.

À l'âge de 6 mois, le cochon doit peser une centaine de kilogrammes. Comparé à ses ancêtres de la ferme, qui passaient sous le couteau du charcutier à 180 ou 200 kg, il n'y a pas photo ! Le porc « moderne » fait de moins en moins de gras – ce n'est pas le moindre paradoxe ; il produit du maigre, encore du maigre, que du maigre ! Les hommes du marketing et les nutritionnistes réunis ont convaincu le consommateur qu'il avait la phobie des lipides, et les scientifiques ont réussi, en vingt-cinq ans, à remplacer 5 kg de gras par 5 kg de maigre. La part des lipides sur la carcasse d'un porc charcutier a chuté de 20 %. La bardière – le lard dorsal –, matière noble pour la fabrication du saucisson sec, a fondu. Quand elle était de 10 à 15 centimètres sur les races rustiques, elle mesure maintenant moins d'un centimètre d'épaisseur sur les races modernes génétiquement reformatées. Le goût de la viande de porc n'a pas survécu à la chasse au gras ; rien de plus normal, c'est lui qui donne la saveur. Trop vite engraissé, trop maigre, le cochon hors sol est devenu la honte des charcutiers. Rassurez-vous, la révolte gronde parmi les adhérents de la Confédération nationale des charcutiers-traiteurs. Ils en ont assez de s'entendre reprocher que, dans la poêle, la côte de porc rend de l'eau, se ratatine, se dessèche et exhale autant de parfum qu'une fleur artificielle.

Les charcutiers sont en train de se reconvertir dans le porc fermier ou Label rouge, mais la production est encore trop faible pour les approvisionner tous. C'est mieux, mais pour obtenir un changement significatif, il serait souhaitable de remettre en question les fondements de l'élevage industriel : le choix de la race et la durée de l'élevage. Produire du porc fermier, c'est mieux, mais inefficace si on s'obstine à vouloir n'utiliser que des races « modernes », sélectionnées pour produire du maigre en moins de sept mois. Quelle que soit la bonne volonté des opérateurs, sans changement de race, pas de salut ! Quelques rares éleveurs tentent de sauver des races rustiques, porc de Bayeux, porc gascon, cul noir du Limousin… La résistance est en marche ! L'élevage selon les règles de l'art : une alimentation à base de céréales et de pommes de terre, un abattage à 12 mois à 150-180 kg, une épaisseur du lard de 8-10 cm, une viande rouge, persillée, fondante, savoureuse se développe pour des consommateurs avisés, de plus en plus nombreux. Enfin de la viande de cochon, pas de la cochonnerie !

Tout vient à point, il faut simplement être patient, très patient. L'Europe, pour une fois, s'est penchée sur le sort du porc. Depuis le 1er janvier 2013, les élevages porcins doivent se mettre aux nouvelles normes européennes, relatives au bien-être animal. Tous les spécialistes vous diront que le porc est un animal sujet au stress. Il faut que cesse le spectacle terrifiant de ces pauvres truies qui s'ennuient tellement dans leurs cages qu'elles passent leurs journées à mâchonner les barreaux en métal. Rien à voir avec le bien-être animal, ce n'est surtout pas bon pour… la viande. Décision européenne : le box de 1,60 mètre carré par animal doit passer à 2,75 mètres carrés. Le hic de cette décision : elle a un coût, et certains éleveurs ne pourront pas suivre. Ils devront vendre, faute de pouvoir adapter leurs structures. Dure, dure, la vie de l'éleveur industriel de porc. En 1968, on dénombrait 795 000 exploitations, il en reste aujourd'hui 15 000, mais, mais, mais… avec un cheptel multiplié par 2 ! Eh oui ! La taille des exploitations a été multipliée par 70 en quarante ans. Il faut tenir ! Et pour cela, un seul mot d'ordre : transformer les élevages en usines à viande pour produire, produire toujours plus. C'est la course au rendement, de la saillie à l'abattoir, avec les inconvénients majeurs, une promiscuité sans appel qui entraîne des risques de maladies et de contagions, d'où le retour de l'utilisation d'antibiotiques.

En France, la production a augmenté de 25 % en quinze ans. Nous produisons 25 millions de porcs chaque année. L'objectif est bien de produire plus, pour obtenir en quelques mois des athlètes body-buildés. N'allez pas imaginer que les truies sont épargnées dans le processus de production. Ces pauvres femelles sont devenues des expertes en maternité. À peine arrivées dans les élevages : insémination. Les plus productives donnent naissance à vingt-sept porcelets par an, contre seize dans les années 1970. Elles passent trois ans sans plaisir avant de finir en rillettes ! Comment font-elles pour nourrir leurs porcelets ? Elles n'ont que 10 mamelles, qu'à cela ne tienne, les as de la génétique de l'INRA (Institut national de la recherche agronomique) les ont aidées, de dix elles sont passées à quatorze. Si elles ne veulent pas en avoir quatorze, saucisson, directement !

La liberté de mettre bas quand elles en ont envie n'existe plus. On déclenche les naissances à l'heure dite, grâce à des injections d'œstrogènes. Eh bien oui, le jour J : une piqûre d'ocytocine pour accélérer les contractions et l'éjection du lait, accompagnée d'une dose de spasmolytique et de vasoconstricteur pour accélérer la cadence. Vous pensez sans doute, mesdames, qu'à ce rythme leurs tétines vont s'enflammer, rassurez-vous, tout est prévu, une dose d'antibiotique et d'anti-inflammatoire. Un peu de repos post-accouchement ? Pas du tout, sitôt libérées, fécondées par insémination et rebelote. Belle vie que celle de la truie. Quelques-unes se révoltent, boudent l'ocytocine, et alors le système se dérègle : les petits ne veulent pas sortir, on résiste ? Qu'est-ce que c'est que ça ? De la discipline ! Alors on « fouille » dans le ventre de la mère pour les extraire... On ne discute pas.

Aussitôt né, aussitôt trié. Les mâles sont castrés pour ne pas donner de goût à la viande, les queues sont coupées... Ça ne vous plaît pas ? Vous grognez ? Vous criez ? On vous coupe la queue. Le petit cochon qui s'ennuie a quelquefois envie de jouer et de croquer la queue du voisin par dépit. Pas question ! On lime les dents. Imaginez que, dans les abattoirs, on dit : « Un cochon qui arrive avec sa queue à l'abattoir c'est le signe d'un bon élevage » ; on ajoute, « c'est rare, extrêmement rare ». Commence alors l'engraissement, comme on l'a vu, de ces petites usines à viande. Dans les bâtiments, c'est noir, sans espoir de voir le jour : il pourrait y avoir des risques de cannibalisme. Enfermés, les animaux pourraient se battre parce que cette vie dans cet univers concentrationnaire les répugne, on les comprend. Ce sont des animaux fouineurs, qui aiment retourner la terre, mâchouiller, manipuler, sur caillebotis, dans 2 mètres carrés, c'est impossible.

Certains éleveurs résistent, je vous l'ai dit. En France, ils représentent 1 % à considérer que les cochons doivent être élevés en plein air. Prenons l'exemple de la maison Laborie, charcutier de père en fils depuis trois générations, à Parlan, dans le Cantal, un village d'irréductibles Auvergnats, résistant à la mondialisation et à l'envahisseur polonais ou hongrois. Les cochons vivent aux frontières du Cantal, entre Lot et Corrèze. Ils pataugent dans la gadoue avec délice, remuent la terre à l'envi : douze mois de plein air au minimum. Certes, dans la gamelle, il s'agit tristement du même mélange de céréales et d'oléagineux que celui des élevages industriels, et leur race n'est qu'un mélange de Land Race, Large White et Duroc (race américaine). Néanmoins, ils produisent des saucissons et des jambons secs d'exception, installés dans des séchoirs à l'air libre à 750 mètres d'altitude. Laurent Laborie bichonne ses jambons avec amour, les masse, les asperge de gros sel à la main et les laisse sécher de douze à dix-huit mois. Il est fier, il a obtenu le titre de producteur du « plus gros jambon sec du monde », 29 kg, vingt-trois mois de séchage. On en mangerait ! Il produit également des jambons blancs, à partir d'un seul cochon affiné pendant trois semaines, ourlés d'un beau gras transparent ; on le regarde, on a faim. Le jambon industriel, lui, est fabriqué avec un agglomérat de morceaux, baratté en quelques heures et fabriqué en moins d'une journée à base d'eau et de polyphosphate : du jambon polyphosphaté. Les industriels prétendent qu'il n'existe plus sur le marché, alors qu'en retirant certains jambons blancs de leurs emballages en plastique, on a la surprise de voir goutter hors du sachet un liquide particulièrement salé. Il y en a moins, c'est vrai, mais malheureusement, il existe encore. La maison Laborie n'est pas la seule, et quand je pense aux saucissons, je pense avec émotion à ceux de la maison Marion, à Saint-Martial, sur le mont Gerbier de Jonc.

Les envies charcutières de nos compatriotes ont changé, la mode est au jambon serrano, de Parme, peu importe qu'ils soient sous vide, qu'ils viennent d'Espagne ou d'Italie, qu'ils aient ou non du goût. Rappelez-vous, consommateur, vous vous êtes fait avoir. Le fameux jambon d'Aoste qui avait envahi la France était le sous-produit d'une multinationale américaine fabriqué à partir de carcasses ramassées dans tous les pays du monde, bien éloignés de la jolie petite ville d'Aoste, en Italie. Heureusement, la Commission européenne a mis fin à cette fumisterie, en 2008, mais il y en a d'autres. La France n'est pas épargnée.

Examinons de près la charcuterie corse. Ce prétendu fleuron de la charcuterie française est le plus souvent une grosse entourloupe qui ne bénéficie au demeurant d'aucune appellation d'origine contrôlée – les producteurs corses n'ont d'ailleurs jamais eu envie de la demander. Dans 90 % des cas, la viande de ces charcuteries provient des élevages en batterie bretons, voire même chinois. Il faut bien satisfaire les nombreux touristes, alors on fabrique à tour de bras des coppa avec du porc chinois, des saucissons avec des ânes argentins. Pour faire sérieux, on leur appose la mention « produit de l'île de Beauté », pourquoi se gêner ? On est en vacances, qu'importe, personne n'aura l'idée d'aller vérifier. Un pétard est si vite arrivé. Il n'y a pas que la Corse, certains jambons de porcs fermiers d'Auvergne ou de Savoie proviennent aussi de porcs issus d'élevages bretons ou néerlandais. Que dire du jambon de Bayonne, dont l'aire de production a été agrandie jusqu'à Niort, le Pays basque jusque dans le Poitou, belle conquête ! Est-ce que la Bretagne, producteur de la majorité du porc français, fait mieux ? Elle dispose d'une appellation d'origine géographique contrôlée. On pourrait donc penser que les produits transformés proviennent de Bretagne. Pas du tout ! L'appellation n'oblige qu'à une chose : posséder un lieu d'emballage ou de transformation dans la région. Voilà pourquoi les produits transformés bretons, saucissons, rillettes, pâtés, terrines, saucisses... sont quelquefois issus de viandes de Pologne ou de Chine, mélangées. Même l'andouille de Guémené n'est pas épargnée, elle peut être fabriquée avec des boyaux qui arrivent tout droit de Corée.

Si les cochons viennent d'Allemagne, on pourrait presque être rassuré : il s'agit de cochons français. En effet, depuis quelques années, on assiste à de surprenants allers et retours. Nés, élevés en France, ils partent à l'abattoir hors de nos frontières et reviennent sous des formes diverses et variées. Ces voyages que subissent nos pauvres cochons – un périple de plusieurs milliers de kilomètres – les métamorphosent en bêtes de stress. Tout ce manège pour profiter d'une main-d'œuvre trois fois moins chère qu'en France, payée 500 euros au lieu de 1 400. « Ils pillent nos animaux avec le consentement des éleveurs », se lamente le responsable d'un abattoir de coches, dans le Finistère : « Il y a dix ans, nous abattions trois fois plus de porcs ; en majorité les animaux sont amenés dans la région de Hambourg, où se trouve l'un des plus grands abattoirs d'Europe, Tönnies, 30 000 coches (truies de réforme) abattues par semaine. » Les bêtes sont tuées, découpées comme des animaux standard, qu'elles soient coches ou pas, puis réexpédiées vers l'Hexagone sous forme de viandes diverses. Résultat, les abattoirs français ont des difficultés financières car il n'y a pas suffisamment de matière à abattre. Est-ce qu'on ne serait pas en train de devenir fou ?

C'est bien probable. Avec 34 kg par habitant, le porc est la première viande consommée en France, dont les trois quarts sous forme de charcuterie. Le comportement des industriels de la viande porcine devrait s'intéresser à un sondage Ifop conduit, en mars 2012, pour CIWF France (Compassion in World Farming, organisation internationale de référence dédiée au bien-être des animaux de ferme), qui précise : « Un Français sur cinq se déclare être prêt à payer plus cher la viande de porc, s'il a la garantie que l'animal a été élevé dans de meilleures conditions. » Est-ce que l'étude ne servirait à rien ? Est-ce que les instances supérieures du monde charcutier savent lire ? La France importe du porc bio d'Allemagne et d'Italie faute d'une production nationale honorable. Ces informations ne sont-elles pas suffisantes pour encourager les éleveurs à améliorer des conditions d'élevage plus respectueuses, ni les maîtres charcutiers à plus de scrupules et de rigueur ?

Parlons-en, des maîtres charcutiers. Pendant de nombreuses années, ils se sont commis avec l'industrie. Le jambon n'était plus maison, les étiquettes continuaient à l'être, les terrines étaient de la même eau que celles qui étaient vendues dans certaines enseignes de la grande distribution. Ils ont développé la vente de plats cuisinés, sortant tout droit d'un sac en plastique ou d'une boîte. Ah ! les carottes râpées du charcutier ! On les imaginait râpées dans la fraîcheur du laboratoire. Ah ! les coquilles de poisson en surimi ! Il y eut plusieurs raisons à ce dévoiement : les investissements coûteux qui n'avaient pas été envisagés à temps, la pénurie de main-d'œuvre, le manque d'apprentis, les loyers des centres-ville qui augmentaient, les marges qu'il fallait maintenir, les nouvelles règles d'hygiène qui imposaient des travaux, toutes ces raisons étaient bonnes pour ne pas investir. Et puis, il faut bien avouer que, pendant de trop nombreuses années, la présidence de leur confédération a été assurée par un charcutier dont j'avais prétendu dans mon guide, le *Coffe 95*, qu'il était le plus mauvais charcutier de France. Maintenant, tout a changé. Cette instance syndicale est dirigée par un « meilleur ouvrier de France (MOF) ». Le Céproc (Centre européen des professions culinaires), dirigé aussi par des MOF, forme à nouveau des professionnels aguerris et compétents. La relève est assurée ! Il y a cinq ans, il n'y avait que trois apprentis ambitionnant le titre prestigieux de « meilleur apprenti de France », il y en a maintenant plus de trente. La confédération a développé des aides pour encourager ces jeunes charcutiers à s'installer, à revenir vers la grande tradition charcutière et au respect des règles de l'art. Patience, très vite, tout va changer dans nos charcuteries françaises, la révolution est en marche !

Est-ce que l'industrie suivra le même chemin ? Je suis triste, en prévoyant que ce ne sera pas pour demain, car si les scientifiques, tout à coup soucieux de la santé du cochon, se sont penchés sur son cas, c'est pour créer une nouvelle race de porc, encore une nouvelle fois génétiquement modifiée : le Roslin, créé par l'Institut d'Édimbourg. Son nom de code pour le moment est *Pig 26*, eh oui, c'est son nom. Il a été conçu pour résister à la peste porcine africaine. Il est né en août 2012, Hosanna ! Pourquoi sa naissance n'a-t-elle été révélée qu'en avril 2013 ? La honte… déjà ?

Peut-être verrons-nous un jour les porcs et les truies, qui auront réussi à s'enfuir de leur univers concentrationnaire, défiler sur les Champs-Élysées, et sur les places publiques après les troupes, le

14 juillet, portant des pancartes « Liberté, liberté ». À ce moment-là, les pouvoirs publics réunis sur les estrades comprendront peut-être qu'il est temps de penser à la santé des humains, qui passe inexorablement par une meilleure alimentation.

L'agneau

L'agneau fut l'animal des régions des petites et moyennes montagnes. La Caussenarde des Garrigues, la Rouge du Roussillon, la tarasconnaise… Autant de vieilles races locales de brebis qui demeurent dans toutes les mémoires des anciens. La brebis était au cœur de l'économie campagnarde ; son lait, sa laine, sa viande avaient la même valeur.

À l'automne, les béliers couvraient les brebis et, cent quarante-cinq jours plus tard, les femelles mettaient bas. Les premiers arrivés, ceux de février, tétaient leurs mères pendant deux mois environ, avant de connaître le sacrifice pascal. Dès la fin du printemps, toute la famille transhumait, sous la conduite d'un berger, vers des alpages où l'herbe était grasse. Le lait des brebis faisait le bonheur de leurs agneaux et des producteurs de fromages, la laine s'épaississait, les petits engraissaient. À l'automne suivant, le troupeau redescendait vers la vallée, les agneaux dits *d'herbe* étaient vendus pour leur viande. Les mères étaient prêtes pour une nouvelle gestation.

Voilà un système de production intelligent, qui ne doit rien aux experts ni aux chercheurs, synchronisé sur le rythme des saisons, les besoins sexuels des bêtes et l'abondance de la nourriture. Cette vision bucolique et prétendument archaïque fut balayée par la tempête productiviste. Les éleveurs de moutons durent rationaliser leurs méthodes d'élevage, les marketeurs leur serinaient toute l'année « les consommateurs veulent manger de l'agneau toute l'année, toute l'année, toute l'année... ». L'agonie de l'agneau français est significative de l'ignorance et de l'aveuglement des élites qui gouvernent l'agriculture française. La filière ovine est moribonde d'avoir écouté des conseillers agricoles inefficaces et incompétents qui l'ont fourvoyée sur la voie du productivisme.

Pour avoir des agneaux toute l'année, il a d'abord fallu changer les méthodes de reproduction. La femelle du bélier n'est pas une « nini patte-en-l'air » qui accepte les hommages de son mâle quand il manifeste son envie. Madame brebis est pointilleuse, la monte, c'est à l'automne, ou rien. Vous imaginez les chercheurs de l'INRA penchés sur la question. Ils ont finalement mis au point une éponge imprégnée d'hormones sexuelles. Et voilà le berger, costumé comme un gynécologue, introduisant dans les parties intimes des brebis de la mousse de polyuréthane gorgée d'un progestagène. Le cycle sexuel des femelles s'est trouvé perturbé. L'éponge retirée, on injecte par voie intramusculaire une dose de PMSG (Pregnant Mare's Serum Gonadotropin) qui déclenche immédiatement l'ovulation. Quarante-huit heures après, les brebis sont en chaleur. Bonjour messieurs les inséminateurs... À vous de jouer les mâles ! La synchronisation des chaleurs, accouplée à l'insémination artificielle, ouvrait toutes grandes les portes des bergeries à la sélection génétique. Les chercheurs, toujours à l'affût d'une nouveauté, se sont rendu compte que les brebis ne donnaient naissance qu'à un seul agneau à chaque agnelage : qu'est-ce que c'est que ça ? Elles doivent en faire deux ! À partir de 1966, à force de croisements avec des races russes ou finnoises, ils purent chanter victoire : les brebis mettaient bas de deux agneaux à la fois ! Après avoir réglé la vie sexuelle sans plaisir du monde ovin, les généticiens s'attaquèrent à la conformation de l'agneau. Ils définirent ce que le consommateur voulait, sans évidement lui demander son avis. Un animal lourd, à la carcasse large, aux épaules d'haltérophile, aux gigots courts et rebondis. Adieu l'herbe, adieu transhumance, adieu balades folkloriques dans la montagne, l'agneau devait vivre en bergerie, les pattes dans le fumier, la tête dans l'auge. Il lui a fallu découvrir les petits bâtonnets, ou granulés de céréales et de soja agglomérés, agrémentés d'un peu de foin ou d'ensilage. Le mouton résiste, il n'a pas l'air, comme ça. Il lui a fallu du temps pour s'acclimater aux granulés.

Dans les boucheries ou dans les grandes surfaces, les agneaux sont tous affiliés à une marque, collective ou pas, qu'ils portent en bandoulière sur le gigot : « L'agneau de nos bergers », « Agneau de nos terroirs ». Quand ce n'est pas une marque collective, c'est un label : label, certification, vous n'avez que l'embarras du choix. Vous y croyez ? Prenons l'exemple de l'agneau de Pauillac, célèbre depuis la fin du XVIIIe siècle. La vendange terminée, les bergers des Landes ou des contreforts du Massif central rassemblaient leurs brebis dans les vignes du Médoc. Nés au printemps, les agneaux de lait étaient très appréciés dans toute la région. La tradition a vécu, tracteurs et herbicides ont remplacé les brebis, la transhumance d'automne a disparu. De l'agneau de Pauillac, il ne reste plus qu'une appellation, très habilement utilisée sur le plan commercial. Une bergerie s'est quand même installée à Pauillac, les apparences sont sauves. En 1999, l'administration lui décernait l'appellation I.G.P., et un Label rouge. Inconscience ou mauvaise information ? L'aire de production s'étend maintenant à la Gironde, au Lot-et-Garonne et au sud de la Dordogne. Il y en a d'autres, ne vous inquiétez pas.

Jusqu'en 1973, l'élevage français n'eut rien à craindre des élevages anglais et irlandais ni néo-zélandais, l'élevage était extensif, mais la production était insuffisante pour perturber la politique française. Mais cette année-là, les Anglais ont rejoint la communauté européenne. Adieu, droits de douane ! Car l'Angleterre a obtenu l'autorisation d'importer sa propre production, mais également celle de la Nouvelle-Zélande. Ce fut en grande partie le coup de grâce de nos élevages. Notre troupeau d'ovins en France était vieillissant, en baisse constante, 7 120 000 têtes de brebis allaitantes en 1990, et 3 904 000 en 2010. La part de la consommation totale de viande s'effrite, elle est passée de 6 %, dans les années 1990, à 3,9 %, aujourd'hui (source Agri-Mer). Les effectifs ne cessent de baisser, en recul de 35 % en vingt-cinq ans, malgré les primes. Conséquence, nous mangeons de moins en moins d'agneau français, les deux tiers de la consommation sont anglaise, irlandaise, ou néo-zélandaise.

L'agneau néo-zélandais se vend trois fois moins cher que les autres types d'ovins présents sur les étals. La Nouvelle-Zélande est, on le sait, la patrie du mouton. Environ 50 millions de têtes pour 4 300 000 habitants. De 8 000 à 10 000 têtes sur 2 500 hectares d'herbe, il y a de quoi casser la croûte proprement. Pourtant, cette production ne pèse que 7 % de la production mondiale. Nous aurions tort d'oublier l'Amérique du Sud, notamment la Patagonie, où il est facile de voir des élevages de 50 000 moutons sur certains pacages grands comme la moitié de la France. À l'origine, les Néo-Zélandais élevaient le mouton pour sa laine, avec la race mérinos, sa viande n'était que le sous-métier de l'activité lainière, bradé, surgelé sur le marché mondial. Le cheptel néo-zélandais a subi alors de fortes évolutions génétiques, avec l'introduction de races à viande ou de races prolifiques ; la viande est désormais l'objectif principal du cheptel.

Vous imaginez sans doute que vous mangez de la viande fraîche ? L'arnaque, car il peut y en avoir une, réside précisément dans le mot « frais ». N'oubliez pas que le monde de la viande a son propre langage. Cette nouvelle carambouille s'appelle le *chilled*. Après l'abattage de l'agneau, la viande est conditionnée sous atmosphère contrôlée, un mélange de gaz (azote et gaz carbonique) qui stoppe sa maturation biologique. Elle peut donc voyager plusieurs semaines dans les cales d'un cargo. Sitôt livrés, les gigots sont déballés, le temps de reprendre de la couleur – sous vide ils noircissent –, puis emballés comme de la viande fraîchement abattue, avec une date limite de vente de quatre à cinq jours. À ce petit jeu, la viande ne gagne rien en qualité. Ni vu, ni connu, des fois que ça vous inquiète !

Le *chilled* n'offusque personne, au contraire, il donne quelques idées – mauvaises – aux abattoirs français. Pourquoi, quand l'offre est pléthorique, à Pâques, par exemple, ne pas brader les gigots ? Ne serait-il pas plus rentable de les conditionner sous vide, de les stocker et de les faire réapparaître comme de la viande fraîche lorsque les cours remontent ? Vous ignorez tout, sans doute, de ces tripatouillages. Les apôtres de la traçabilité se gardent bien de vous mettre dans la confidence.

Mais où sont donc passées les viandes de brebis et de mouton ? Les agneaux ont-ils une mère, ou un père ? Une mère, sûrement. Bien qu'encore, avec Dolly, le premier mammifère cloné de l'histoire de l'humanité, le 5 juillet 1996, en Écosse, on peut se poser des questions. Le père s'est en partie effacé devant la seringue de l'inséminateur. La viande de brebis a tout simplement disparu des étals : elle n'est plus digne d'y figurer. Comme sa consœur bovine, la Holstein de réforme, la brebis arrive à l'abattoir en piteux état, après une vie entière enfermée dans une bergerie à manger des granulés et à porter des agneaux ; cela n'arrange pas la carcasse. Quand vous saurez que la brebis fait également l'objet de primes européennes, vous comprendrez la perversité du système : les primes compensatoires ovines (PCO, dans le jargon professionnel) sont attribuées par tête de brebis. Les grands troupeaux d'élevages intensifs sont avantagés, d'autant que ces primes sont consenties sans engagement élémentaire que la brebis agnelle en retour. Ce système encourage les éleveurs à garder leurs femelles le plus longtemps possible : « Elle est bien vieille, elle ne fait plus d'agneaux, mais elle va encore pour la prime », nous avoue un éleveur, en nous montrant sa brebis claudicante. Constatons que la PAC (politique agricole commune) donne souvent l'avantage à la médiocrité.

On n'arrête pas le progrès ! Bientôt, l'agneau « enrichi », oui c'est la dernière trouvaille du clonage. Après les yaourts, le lait, la viande, pourquoi se gêner ? Voici l'agneau enrichi en omégas 3 – les fameux acides gras polyinsaturés, décrits depuis plusieurs années comme ayant des effets bénéfiques du point de vue cardio-vasculaire. Simple à obtenir, un gène prélevé dans un ver et introduit dans l'un des chromosomes de l'agneau. Ce n'est peut-être pas pour tout de suite, mais quand même, soyons vigilants.

Évitons le pessimisme à tout crin : certains éleveurs s'obstinent dans des schémas traditionnels et réussissent. C'est le pari tenu par quelques éleveurs du Pays Toy, dans les Pyrénées. Ils ont décroché une AOC pour leurs brebis et leurs moutons « Barèges-Gavarnie ». Les inondations du printemps dernier ont ravagé leurs exploitations, mais ils résistent. Le système de production de ces paysans, installés sur les pentes de Luz-Ardiden, près du pic du Midi et du cirque de Gavarnie, repose sur deux richesses de leur région : l'herbe et la race barégeoise. Opposés à l'insémination artificielle, et à l'éponge progestagène, ils ont décidé de respecter à la fois l'animal et les saisons. Après quatre ou cinq transhumances ou mises bas, les brebis partent à l'abattoir. Quant aux mâles, après leur second estivage, ils sont baptisés Doublon, destinés eux aussi à la boucherie. Ayant obtenu un abattoir de proximité, les éleveurs de l'appellation peuvent valoriser tous les morceaux, y compris les moins nobles. Les bouchers et les restaurateurs se jettent sur cette AOC. La pratique de ces méthodes encourage d'autres éleveurs à les imiter. Ce sera long, mais l'espoir renaît.

Derrière le plaisir de goûter un produit de qualité, n'oubliez pas, jamais, qu'il y a un éleveur, un homme de caractère, rejetant les diktats de la profession, refusant de courber l'échine, devant la toute-puissance du productivisme. Posez-vous des questions : est-ce que cet éleveur vit dignement ? Oui, il vit dignement de son travail et de la satisfaction qu'il en retire. Ses collègues industriels ne peuvent pas en dire autant, tant ils sont inféodés aux marchands de granulés, aux coopératives, tributaires des aides et des subventions européennes, qui sont insuffisantes pour effacer les prêts et les investissements qu'ils ont été encouragés à faire.

Chapitre 5
Les fruits et les légumes

Qu'est-ce qui a bien pu justifier la décomposition du goût des fruits et des légumes ? Quand cette catastrophe a-t-elle commencé, et pourquoi ? Plusieurs causes, nombreuses et trop nombreuses. Essayons d'examiner la situation avec sang-froid et objectivité. La guerre de 39-45 (nous y revenons dans le chapitre « Viande »), la mécanisation à outrance, le remembrement ont incité la remise en question du travail lié au maraîchage et à l'arboriculture. L'apparition des engrais chimiques, des pesticides a encouragé une vision à court terme de la production. La disparition, en 1968, des Halles de Baltard, et leur transfert à Rungis ont entièrement bouleversé le commerce des fruits et des légumes. Tous les grossistes qui connaissaient des producteurs indépendants et qui pouvaient transmettre leur connaissance des produits et du marché ont disparu, l'apparition des coopératives de production n'existait pas. Les centres d'expédition non plus. Leur arrivée a entraîné la disparition de nombreux producteurs indépendants qui offraient aux grossistes une palette de choix très variée.

L'apparition des marchés de gros, la création de la normalisation et l'obligation d'étiquetage ont vu naître de nouvelles professions faisant écran entre le producteur, le grossiste et le vendeur. La situation a empiré, dès 1970, quand la technique du hors-sol a été introduite en Europe. Réservée tout d'abord à quelques cultures maraîchères et florales sous serre, elle s'est développée à grande vitesse. De 200 hectares, en 1970, on approche des 15 000 hectares. On imagine bien que ce développement considérable fut à l'origine de la désaisonnalisation.

Quelles sont les espèces touchées par cette révolution du hors-sol ?

Essentiellement des cultures légumières et des petits fruits. La tomate est la plus répandue, suivie par la fraise, surtout depuis la découverte de la conduite en « jardins suspendus ». Le concombre, le poivron, l'aubergine ne sont pas en reste. Quelques années plus tard, le melon et la courgette ainsi que la framboise ont rejoint la cohorte des fruits et des légumes désaisonnalisés. J'allais oublier l'endive, que seuls en France une dizaine de producteurs peuvent encore cultiver en pleine terre (elle est délicieusement amère), la quasi-totalité étant produite en hydroponie. On nous explique que c'est une méthode ancienne, apparentée à l'« aquaculture » (culture dans l'eau), autrement dit des racines plantées dans un grand bac sans aucun substrat, alimentées par une solution nutritive. On nous assure également que le hors-sol permet de maîtriser tous les éléments nécessaires au développement des végétaux, que c'est une culture propre, que les traitements phytosanitaires sont réduits et ciblés, et qu'elle permet une maîtrise variétale qui améliore la qualité gustative, notamment des fraises et des tomates, et surtout qu'elle permet d'allonger la période de disponibilité. Voilà pour les « plus », en admettant qu'ils le soient. Toutefois, on ne nous dit pas grand-chose sur le recyclage des substrats et sur leur coût, l'irrigation et les solutions nutritives. D'aucuns récupèrent des solutions, les recyclent, les désinfectent, les analysent, mais les reconstituent pour les renvoyer aux plantes. Le hors-sol pourrait être effectivement une solution d'avenir s'il ne s'apparentait finalement pas à la culture traditionnelle, qui nécessite une alternance des sols, et si surtout il n'encourageait pas gravement à la désaisonnalisation et au nivellement du goût par l'uniformisation des variétés.

Osons le gros mot ! Désaisonnalisation. La voilà la tueuse de goût et des saveurs. Posez la question à votre primeur ou à votre vendeur de légumes dans la grande distribution : quel est le légume le plus vendu en France ? Le consommateur mange de la ratatouille. Oui, de la ratatouille, et toute l'année. Quel drame ! Ce plat typiquement méditerranéen s'est rapidement répandu dans toute la France où, à l'exception des régions plus tempérées, on ne commençait à envisager sa confection que vers le 15 août. À la fin du mois d'octobre, on attendait l'année suivante. Amusez-vous à faire la différence. Dans deux récipients distincts, faites cuire des aubergines hollandaises, des poivrons marocains, des courgettes espagnoles et des tomates de n'importe où, poussées sous serre, et faites la même chose avec des légumes de pleine terre qui ont poussé à proximité de votre domicile. Dans ce dernier plat, vous aurez à coup sûr du goût, des saveurs, des parfums, l'été et le soleil dans votre assiette, et, dans l'autre, une sinistre partouze de légumes.

La désaisonnalisation est coûteuse, le transport aérien aussi. Beaucoup de fruits, en provenance de pays lointains, prennent le bateau. Poussés à contre-saison dans un autre hémisphère, ils arrivent en décalage d'une saison et passent inévitablement quelques mois dans une chambre froide. Pourquoi, alors, préfère-t-on, au mois d'octobre, alors que c'est la meilleure saison pour nos reinettes du Mans et nos belles de Boskoop, les pommes d'Afrique du Sud ou les poires de Nouvelle-Zélande ?

Autre cause de la désaisonnalisation, de l'évolution du goût et de l'uniformisation variétale des fruits et des légumes : la mainmise des grands groupes internationaux semenciers. Les semences hybrides, dont les graines ne peuvent resservir, imposées par ces groupes ont détruit les variétés. Quant à l'uniformisation du goût, l'exemple de la fraise, de la tomate et de la pomme me paraît des plus exemplaires.

À l'origine, le fraisier sauvage, le fragaria, a un usage officinal et surtout décoratif. Il faut attendre 1712, avec l'apparition de fraises en provenance du Chili et de Virginie, pour que son évolution se développe. À la fin du XIXe siècle, Plougastel fournit 30 tonnes de fruits par jour. Les croisements vont bon train. Impossible de les nommer toutes dans le dictionnaire des plantes potagères, paru en décembre 1890, de M. de Vilmorin. En 1893, l'abbé Thivolet réussit les premiers fraisiers remontants à gros fruits. Grâce à cette découverte, les remontants fleurissent et fructifient plusieurs fois, et même quelquefois d'une façon continue pendant tout l'été.

Jusqu'en 1962, tout va bien, mais à cette date commence la chute inexorable de la production. C'est à cette époque que les chercheurs américains travaillent sur une nouvelle fraise, capable de régaler les papilles – ce sont eux qui le disent –, mais surtout susceptible de résister aux aléas du transport, aux écarts de température et aux manipulations souvent peu délicates des clients, bref une fraise capable de parcourir les 4 000 kilomètres séparant San Francisco de New York, sans qu'elle présente la moindre égratignure à l'arrivée. Vous l'avez déjà goûtée, vous la connaissez, le plaisir qu'elle procure est inversement proportionnel à ses performances kilométriques.

Les Espagnols s'en sont fait les spécialistes. Dans la région de Huelva, dans le sud de la péninsule, les fraises poussent sur des océans de plastique, nourries aux engrais, saturées de pesticides. Au minimum 1,2 kg de fruits par pied, 80 milliers d'hectares, de 60 à 90 tonnes de rendements. Qui dit mieux ? La camarosa – c'est son nom – est énorme et indolore. Un paradoxe, quand on sait que fraise vient du latin *fragum*, autrement dit, fragrance, odeur, parfum. Elle résiste sous la dent, sa saveur est inexistante, elle se contente de son prix.

En envahissant notre marché, cette espagnole a divisé la production française en deux, aujourd'hui aux alentours de 43 000 tonnes, alors que la consommation française est de 2,5 kg par habitant et par an. Nous sommes dans l'obligation d'importer d'Allemagne, de Belgique, des Pays-Bas. Les fruiticulteurs français tentent une contre-offensive, avec la création d'un nouveau produit : la gariguette, une fraise *made in France*. Il a fallu attendre longtemps pour que la fraise française retrouve des couleurs en misant sur une différenciation qualitative.

Plutôt gonflé, en pleine guerre de standardisation ! Mais qu'on ne s'y trompe pas, nos fraises bien à nous sont cueillies à 1,50 mètre du sol dans des jardins suspendus, traduction : hors-sol, comme les espagnoles.

Si la consommation de la fraise de bouche a augmenté, la demande industrielle pour des produits finis – confitures, gelées, conserves, sirops, glaces, produits laitiers aux fruits, fraises congelées et arômes naturels – aussi.

Tous les consommateurs qui ingurgitent ce qu'il est convenu d'appeler « des fraises espagnoles » de contre-saison – même à 1,20 euro la barquette de 500 grammes – devraient aller visiter Huelva. Le spectacle infligé est éloquent. Qu'on en juge : des milliers de kilomètres de sillons, recouverts d'un épais plastique noir, préalablement désherbés chimiquement, dans l'attente de plants de fraisiers produits en « milieu stérile », ce qui laisse les producteurs libres de réguler l'apport nécessaire en azote, en phosphore et en potasse. Une fois repiqués, les plants sont arrosés, en fonction de leurs besoins, par un système de goutte à goutte, maîtrisé électroniquement à partir d'une énorme cuve abondamment remplie d'engrais et de pesticides. Vous pourrez voir aussi, au moment de la récolte, des cars entiers qui déversent à Huelva une main-d'œuvre immigrée et précaire constituée pour l'essentiel de femmes qui, paraît-il, se montrent plus résistantes à la cueillette. Originaires d'Afrique, d'Amérique latine, d'Europe de l'Est, mais surtout du Maroc, elles n'ont qu'un seul droit : celui de travailler en silence, avant d'être réexpédiées chez elles.

À défaut d'un voyage, je vous conseille d'attendre sagement que mûrissent les fraises françaises. Elles sont bonnes, parfumées, de saveur équilibrée, leur traçabilité est rassurante, leur saison plus longue. On peut affirmer sans exagérer que l'AOPN – regroupement de la plupart des fraisiculteurs français –, dont l'objectif de fédérer les moyens humains et financiers pour mettre sur le marché une fraise française de qualité, est réussi. D'autres associations de petits producteurs, des circuits commerciaux, des réseaux bio, tous manifestent leur volonté d'aller dans le bon sens, la saison, la qualité, le goût. Pour la fraise, la France n'est pas l'Espagne.

Examinons, maintenant, le cas de la tomate. Qui se souvient encore qu'elle mûrit traditionnellement de juillet à septembre ? Celui qui a la bonne idée de la cultiver dans son potager ! Car vous, vous ne vous étonnez plus depuis longtemps d'en acheter en janvier ou en novembre. Cela vous paraît sans doute normal. La tomate illustre parfaitement la perversité de la désaisonnalisation – expression barbare qui dit néanmoins bien ce qu'elle veut dire –, son histoire récente, édifiante, explique son affligeante médiocrité actuelle.

Jusque dans les années 1980, la tomate était cultivée en plein champ, de préférence dans les régions ensoleillées du Grand Sud.

Le productivisme, l'obligation de multiplier les cageots de tomates à l'hectare, les engrais, les pesticides, l'irrigation, les nouvelles variétés hyperproductives, et l'exigence des acteurs qui réclamaient des fruits solides, capables de résister, intacts dans les rayons et de supporter les aléas des transports, ont participé au dévoiement de la tomate. Voilà pourquoi, d'une plante ornementale, alors qu'il en existe des milliers, nous n'en retrouvons que cinq variétés environ, sélectionnées en fonction de leur apparence et de leur résistance.

Je me demande si vous avez conscience du fait qu'actuellement la tomate est presque plus vendue en hiver qu'à la belle saison, qu'elle n'est plus considérée comme un fruit, mais comme un légume. Si rien ne vous choque dans son évolution, si vous êtes heureux comme cela, et que son goût vous satisfait, rendez hommage aux ingénieurs agronomes qui ont inventé, créé, la *long life*. Chapeau bas ! Une tomate longue conservation, un phénomène génétique, capable de résister trois semaines sans pourrir. Imaginez la merveille, résistante aux maladies, capable de longs trajets sans moufter, son gène de non-maturation lui permettant de conserver son bel aspect pendant toute sa longue existence. Si elle flatte l'œil, elle ne risque en aucun cas d'affoler les papilles. Selon une étude américaine de l'université Rutgers, cette tomate contiendrait 200 fois moins de fer, 15 fois moins de magnésium, 5 fois moins de calcium, et 60 fois moins de manganèse qu'une tomate dite « conventionnelle ». Si vous n'avez pas de boules de pétanque sous la main, la *long life* peut faire l'affaire.

J'oubliais, elle n'est pas boudeuse sur le rendement : 600 tonnes à l'hectare. Je ne vous surprendrai pas en vous disant que le plus grand lieu de production d'Europe se situe dans le sud de l'Espagne, à Almeria, qui n'a rien à envier à Huelva : 25 000 hectares de plastique. Rassurez-vous, les usines à « tomates » sont également installées en Hollande, en Belgique, en Angleterre, en Allemagne et en Bretagne, autant de régions bien connues pour la qualité et la durée de leur ensoleillement. Ça vous amuse ? Dans les serres, il n'y a plus de terre. Les pieds de tomate sont plantés dans un substrat hydroponique – un mélange de tourbe, laine de verre, fibres cellulosiques ou de noix de coco – capable de retenir l'eau chargée d'engrais, distribuée à la plante à sa demande. Technique qui va à l'encontre de tous les grands principes agronomiques connus et enseignés jusqu'à présent. Génial, non ? Plus besoin de faire tourner les cultures, l'assolement pour limiter la fatigue des sols : la tomate succède à la tomate, la fraise à la fraise, indéfiniment.

Lecteurs, si vous avez déjà mis les pieds dans un potager, ou goûté des tomates de plein champ, vous vous êtes sans doute aperçus que les formes et les couleurs des tomates ne sont pas toutes identiques, mais qu'en revanche, en fréquentant régulièrement les étals des marchands de fruits et légumes, vous avez constaté que, dans chaque variété, elles ont la même taille, la même couleur. Eh oui, pour accéder à l'alvéole d'une cagette, il faut être de même taille, et pour satisfaire l'esthétique, il faut avoir la même couleur. Vous êtes biscornue, abîmée, trop grosse, trop tachée, trop petite, trop longue, vous devez passer à la benne, vous êtes recalée, éliminée. Mais rassurez-vous, lecteurs, tous les fruits et les légumes subissent le même traitement.

Après cette évolution rapide entre la tomate de plein champ et les tomates industrielles, les ingénieurs ont trouvé une nouvelle arnaque pour vous avoir : la tomate branchée. Elle est arrivée partout et a envahi tous les étals. Ces tomates accrochées à des branches vertes sont d'abord venues de Sicile, puis de partout, puisqu'elles étaient cultivées selon les mêmes méthodes. Génial ! Sans vous pencher sur les étalages, ces tomates en branches exhalent un fort parfum, des notes de « fraîchement cueillies ». Après ce triomphe, il ne fallait surtout pas s'arrêter en si bon chemin – vous les aviez persuadés qu'ils pouvaient tout vous faire gober. Vous avez donc eu le droit à la tomate côtelée, pour vous rappeler la tomate de votre enfance, et à la tomate-cerise, friandise acidulée pour le goûter ou « l'apéro »... Faute de pouvoir jouer sur la couleur – la noire existe déjà, la jaune et la verte également –, qu'est-ce que les scientifiques sont en train de mettre au point ? Une tomate carrée, une tomate citrouille pour Halloween, une tomate œuf de Pâques... ?

Vous l'avez compris, la tomate n'a plus de nationalité, elle l'a cédée à l'une des marques commerciales : Savéol, Rougeline, Marmandise, Starline, etc.

Cependant, quel que soit le traitement qu'on lui fait subir, son origine, ou son mode de culture, la tomate peut avoir du goût si on ne la maltraite pas. Amusez-vous, si vous avez du temps à perdre, à la suivre le long de son périple. J'en ai fait l'expérience, un jour, chez Savéol, en Bretagne. J'ai mangé sur place avec beaucoup de plaisir une tomate goûteuse, élevée selon les principes modernes hydroponiques. Mais après la cueillette, dans une atmosphère de 10 °C, emballée, mise en cagette, elle pénètre dans un camion réfrigéré qui circule à 3 °C, premier choc thermique. Après un périple d'une journée, elle arrive sur une plate-forme de déchargement d'un grossiste d'un MIN (marché d'intérêt national) ou d'une grande surface, là, elle peut passer la journée sur du béton selon la température extérieure, entre

– 1 et + 30 °C, deuxième choc. Elle est installée dans une chambre froide, 4-5 °C, troisième choc. Ensuite, le lendemain ou le surlendemain, présentation au client, 15-18 °C, quatrième choc. Et vous voudriez en plus qu'elle ait encore du goût, de la santé, du plaisir à donner ? Vous-même, vous n'y résisteriez pas. Vous seriez couché avec une fluxion de poitrine, bourré d'antibiotiques... Elle a déjà eu sa dose, ça n'est pas rassurant pour autant.

Quant à la pomme, on en a compté jusqu'à 3 000 variétés sur notre sol. En 1947, il en restait 580, et même si, aujourd'hui, les Français en consomment encore plus de 20 kg par an, une trentaine seulement sont exploitées sur notre territoire. Qui se souvient encore des court-pendue, calville, et belle de mai ? Imaginez le kaléidoscope de parfums, la mosaïque de saveurs... Notre patrimoine n'existe plus. Dilapidé par souci de rentabilité. Nos vieilles espèces étaient capricieuses, elles ne produisaient qu'une année sur deux. Les pommiers avaient la sagesse de se reposer, de s'accorder un répit pour donner de meilleurs fruits. Les marchés de masse détestent ce type de comportement. Ils exigent des fruits calibrés, robustes et sans défauts. Le goût ? Accessoire ! Prenons l'exemple de la golden. Née en 1880, dans les vergers de Messieurs Anderson et Mullins, elle débarque chez nous dans les années 1950. En 2008, sa production est estimée à 541 milliers de tonnes, 580 000 en 2011. Comble de la gloire, la golden du Limousin obtient, en 2004, une appellation d'origine contrôlée, et une AOP en 2005. Les Français en raffolent. Les producteurs ont négligé un détail : comme tous les fruits, elle n'exprime son potentiel que si elle est plantée dans un terroir adéquat. Installée n'importe où, elle s'affadit, se fait banale. Même si elle est bon marché, le consommateur finit par se lasser, et année après année, sa part de marché recule. Elle se fait tailler des croupières par la granny smith. Une émigrée, elle aussi, australienne. Arrivée en France, en 1952, la peau mouchetée, saveur sucrée-acide, elle avait de quoi séduire les papilles les plus difficiles. Elle aurait pu gagner sur tous les tableaux, mais cette granny smith avait deux exigences : un terroir adapté et au moins cent quatre-vingts jours d'ensoleillement par an. Mais comme la golden, la granny smith fut dévoyée, plantée en dépit du bon sens sur l'ensemble du territoire, cultivée de manière intensive, récoltée avant maturité, et stockée plusieurs mois dans des chambres froides. Sa réputation s'effondre, elle devient une pomme acide comme du vinaigre, dure comme du béton.

Les vergers ont subi une révolution industrielle. Imaginez deux mille arbres au garde-à-vous sur un hectare, alignés, taillés en palissade, la tendance était prête. Double ration d'ammonitrate et de potasse à tous les repas et de l'eau à volonté. À ce régime, on atteignait 60 tonnes de fruits à l'hectare. C'était oublier les ennemis qui attendaient en embuscade : la tordeuse de la pelure, d'abord, le carpocapse, le puceron cendré, et pour finir la redoutable araignée rouge ; en arrière-garde, deux champignons particulièrement maléfiques : la tavelure et l'oïdium. Les prédateurs furent en partie éradiqués par une pluie assassine de pesticides. En 1998, les fonctionnaires du ministère de l'Agriculture ont dressé un bilan effarant : vingt-sept attaques de pesticides en moyenne par saison, trente-six dans les vergers de plus de 50 hectares. Enfin, on change les systèmes de défense, et on découvre les vertus de la lutte biologique raisonnée. Il était temps !

Nos arboriculteurs cocoricotaient, prétendant leur position inexpugnable. Les pays de l'hémisphère Sud ont vite compris, ils plantèrent également des vergers de granny smith et de golden, et, très vite, des pommes du Chili, d'Argentine, d'Afrique du Sud et de Nouvelle-Zélande débarquèrent en France pour concurrencer nos médiocres fruits. Plombée par le poids de la fiscalité sociale, la France avait perdu. Les consommateurs trouvèrent des fruits homogènes, du 1er au 31 décembre, et ils étaient contents. Avec le décalage, les pommes étrangères arrivaient dès les premiers jours du printemps, en même temps que les nôtres qui, pour leur part, débarquaient de leurs chambres froides après plusieurs mois passés dans une atmosphère saturée en gaz carbonique. Tout était au même prix. La pomme est devenue un fruit mondialisé, sans saison ni terroir fixe, cultivé de part et d'autre des tropiques, sans goût, ni personnalité. Les variétés se croisèrent à qui mieux mieux, et on vit défiler sur nos étals des nouvelles variétés : Idared, Pink Lady, Fuji, Honey Crunch... Toutes ces tentatives assurèrent définitivement la disparition de nos pommes françaises.

Le danger du couple infernal mondialisation-marketing est qu'il sécrète le totalisme alimentaire pour étouffer et tuer la diversité des terroirs et notre liberté de choix. Il est promesse de papilles anesthésiées, chloroformées. C'est bien le moment d'entrer en résistance et d'aider l'Association nationale des Croqueurs de Pommes, qui se bat pour la sauvegarde de vieilles variétés.

Faut-il faire la liste de tous ces fruits au goût perdu ? Ils sont nombreux. Encore un ou deux exemples pour vous encourager à faire preuve de vigilance.

L'ananas : sa culture s'appuyait sur une économie paysanne, celle des agriculteurs ivoiriens, propriétaires de quelques hectares, qui vendaient leurs récoltes à des exportateurs, mais très vite le prix du transport est devenu supérieur à la rémunération du paysan, aussi la logique économique s'est inversée. Ce n'est plus la maturité du fruit qui décide de la date de la récolte, mais le jour du départ du bateau. Mûr ou pas, l'ananas est cueilli et expédié. Deux jours avant la récolte, les fruits sont aspergés avec de l'ethrel – une substance à base d'éthylène –, qui leur donne bonne mine, sans que le cœur du fruit évolue. L'ananas restera vert. En Amérique du Sud, la production d'ananas est sous la coupe de la multinationale Del Monte, qui a trouvé une nouvelle variété, le MD2. Du pur marketing : un fruit aguichant, tape-à-l'œil, chair dorée, peu parfumée mais juteuse, sucrée et sans acidité, un ananas consensuel. Cette multinationale maîtrise à la fois la production et le transport. L'opération MD2 met en coupe réglée la fragile économie ivoirienne.

La banane : rien à voir avec une bluette romantique au son du ukulélé, plutôt un thriller politico-économique avec en toile de fond la mondialisation, le marketing, la désaisonnalisation et la célèbre PAC (politique agricole commune). Vous imaginiez que la banane était un fruit pacifique par nature, gentil sex-symbol à ses heures ? Pas du tout ! Elle est l'objet d'une guerre sans merci, entre l'Europe et les États-Unis, plus précisément entre la France et trois multinationales : Del Monte, Chiquita, et Dol. Ces trois entreprises représentant les plus gros producteurs de bananes du monde, se partagent un marché de 8 à 10 milliards d'euros. Leur « banane dollar » est dopée comme un athlète soviétique : régime intensif

– irrigation, engrais, pesticides, hormones de croissance. Elle se présente sous une enveloppe jaune uniforme, 20 cm de long, 5 cm de diamètre. Un phénomène de foire. Sauf que, déshabillée, elle déçoit ; sans arôme ni saveur, pâteuse, elle colle au palais, aux gencives, avant de s'écrouler sur l'estomac. Nos bananes françaises de Martinique ou de Guadeloupe mûrissent sur pieds, et, mangées sur place, sont des fruits exceptionnels. Destinées à l'exportation, pour affronter le transport par bateau à plus de 1 000 kilomètres de l'exploitation, elles sont cueillies vertes. À ce stade, elles ne sont qu'un concentré d'amidon, immangeable, âcre, et insipide. La banane martiniquaise, sitôt récoltée, subit un traitement frigorifique qui la plonge dans un demi-sommeil ; la « banane dollar », essentiellement sud-américaine, étouffe dans un sac en plastique pour voyager en apnée. Deux types de réanimations, pour deux types de bananes : les premières se réveillent doucement à température ambiante, 15-16 °C, en respirant, pour déclencher le mûrissement, un mélange d'azote et d'éthylène, qui transforme l'amidon en sucre. Dix jours plus tard, elle est mûre, développe de la saveur et des arômes. L'autre méthode pratiquée par un maître saboteur ne s'embarrasse pas de temps. La « banane dollar » est introduite dans une chambre de mûrissement transformée en autocuiseur – c'est le terme employé –, on monte la température, on pousse le gaz, il lui faut soixante-douze heures pour être jaune à l'extérieur, à l'intérieur, rien.

Jusqu'à une époque récente, une grande partie de l'Union européenne était interdite à ce fruit médiocre. D'année en année, les offensives des multinationales auprès de la communauté se firent plus pressantes, à coup de subventions aux producteurs de la zone ACP (Afrique-Caraïbes-Pacifique) et d'abandon de la préférence communautaire, en 2006, le marché était libre. La « banane dollar » pouvait circuler librement, le renoncement européen était total !

La litanie sur les désastres accumulés sur les fruits et les légumes peut s'allonger, peu ont été épargnés, heureusement, il y a quelques poches de résistance, nous allons y revenir.

En 2011, la France a produit 8,4 millions de tonnes de fruits et de légumes – 3 millions pour les fruits, 5,4 millions pour les légumes. Nous nous situons au troisième rang en Europe, assez loin derrière l'Italie et l'Espagne, mais au premier rang pour les pommes de terre, avec 7 millions de tonnes, dont 11,5 % sont destinées aux industries de transformation. Ces chiffres ne nous permettent pas de nous réjouir car la surface consacrée aux fruits et aux légumes ne représente que 2 % de la surface agricole utile française. Nos principales zones de production sont l'Ouest (Bretagne et Val de Loire), le Sud-Est (Rhône-Alpes et Provence), et le Sud-Ouest (Aquitaine et Midi-Pyrénées). Constatons avec tristesse que d'année en année le nombre de producteurs baisse, tout comme les surfaces cultivées. Les variétés des végétaux ne sont pas renouvelées, encourageant la standardisation des productions. Rien de quoi attirer les jeunes candidats en ces métiers contraignants. Faute de repreneurs et de diversification, les petites exploitations sont englouties dans des structures toujours plus grandes, produisant à grande échelle dans des surfaces hors sol. Ces regroupements débouchent sur une normalisation et une rationalisation des produits, toujours plus fades et sans consistance. Pas de quoi les attirer !

Les Français avalent encore 160 kg par an et par ménage de fruits et de légumes, le chiffre ne tient pas compte de la pomme de terre. Mais ce chiffre est en baisse de 10 %. Cette baisse des produits frais est remplacée par des fruits et des légumes de la quatrième gamme – des fruits et des légumes frais, non cuits, prêts à l'emploi, lavés, prédécoupés, emballés, sous film plastique. Est-ce que l'inventeur de ce système, un marchand de légumes de Saint-Lô, en 1982-1983, était vraiment motivé par le désir d'offrir un service à la clientèle ? J'ai des doutes. D'autant que, à cette époque, le directeur du très sérieux Institut supérieur de l'alimentation n'hésitait pas à affirmer : « On prend les consommateurs pour des bœufs, la quatrième gamme, c'est de l'ensilage. » L'ensilage, pour les lecteurs peu versés dans les techniques fourragères, est une méthode de conservation qui consiste à mettre les fourrages verts dans les silos. Pour vous donner une idée précise de son intérêt, je me permets de préciser que ces nourritures sont interdites aux vaches laitières qui produisent des fromages AOC. Est-ce que ma réserve est assez claire ?

Un légume a besoin de respirer pour vivre et se conserver. Tout naturellement, il absorbe de l'oxygène et rejette du gaz carbonique, ainsi que de la vapeur d'eau. Quand on l'enferme dans un sachet imperméable à l'air, il fermente d'autant plus vite que la raréfaction, puis la disparition de l'oxygène, favorise le développement des bactéries anaérobies qui sont justement responsables de la fermentation.

Le lavage auquel on les soumet enlève la fine pellicule de cire qui les recouvre et les protège, ainsi, les microbes qui restaient auparavant à la surface de ces pellicules peuvent pénétrer à l'intérieur de ces légumes. S'ils sont pelés ou coupés en morceaux, l'accès aux tissus en est facilité, d'autant que les microbes ont besoin d'eau pour proliférer.

La salade représente 87 % de ce segment, soit une salade sur cinq consommée en France, ce qui est deux à trois fois plus cher qu'une salade vendue entière. « Le prix de la fainéantise », s'exclame un producteur de salade entière, « ces salades c'est de l'arnaque pour le consommateur et pour le producteur, elles poussent comme des champignons à grand coup de traitements, et sont ramassées par des machines. Sous contrats avec les industriels, les agriculteurs sont tenus à des rendements démesurés ! » Souvent, ces salades sont désinfectées à l'eau chlorée. La consommation autorisée est insuffisante pour attaquer l'organisme, de 2 à 5 gouttes par litre d'eau seulement. Ainsi désinfectées, les salades perdent toute trace d'odeurs désagréables si elles séjournent quelques heures dans une chambre froide. Pour les salades, ou les asperges, on utilise aussi la technique de l'hydrocooling : les légumes sont trempés dans de l'eau glacée. Quant aux choux-fleurs, ils sont rentrés dans des chambres réfrigérées et subissent des jets d'air froid pulsés. Souvent les légumes laissent apparaître des brunissements après la coupe. Ils peuvent alors être soumis à des traitements antioxydants comme le souffre, l'acide ascorbique ou citrique, des traitements ionisants, ou même, rarement, des radiations. Nous avons de la chance, en France, car les Américains utilisent du monoxyde de carbone, interdit chez nous. Certains de ces produits sont commercialisés dans des barquettes recouvertes d'une feuille de cellophane étirable et perméable. C'est bien : la vapeur d'eau s'évacue et le légume respire, il ne s'en plaint pas, et nous non plus, puisqu'il peut se conserver plus longtemps !

Face à la baisse de la consommation, l'enjeu maintenant est de redonner une place aux fruits et aux légumes dans le panier de la ménagère. Les messages lancinants du PNNS (Programme national nutrition santé) rappellent qu'il faut manger au moins cinq fruits et légumes par jour. Les Français ne sont pas tous bêtes, ils ont bien compris. Encore faudrait-il que les prix et la qualité soient au rendez-vous. Tout est fait pour vous encourager, même l'AFSSAPS (devenue l'ANSES, agence nationale de sécurité sanitaire de l'alimentation), répondant à la revue *Que choisir ?*, qui a révélé que les fruits étaient contaminés par des résidus d'éthéphon (acide chloroéthylphosphonique, descendant de l'ethrel), a prétendu que la limite autorisée n'était pas dépassée. Pas de panique ! Nous sommes protégés, dorlotés, choyés, empoisonnons-nous tranquillement, petit à petit.

Savez-vous que, pendant quatre ans, douze scientifiques se sont creusé les méninges au pôle Végépolys d'Angers, pour colorer les carottes. Jacques Chirac avait accordé 1,5 milliard d'euros d'aide, qui a été reconduite par Nicolas Sarkozy. Qu'est-il ressorti de ces cogitations et de ces aides inconsidérées ? Une carotte jaune ? Il en existe déjà une dizaine de variétés, dont l'exquise jaune obtuse du Doubs. Une violette ? Nous en avons une. Une blanche ? Ça ne manque pas : la blanche transparente, la blanche de Breteuil, ou la célèbre blanche des Vosges. Quant aux carottes rouges, en feuilletant

Les Plantes potagères, de Vilmorin-Andrieu, il y a le choix ! Voilà des scientifiques qui n'ont pas dû se fatiguer. Ils cherchent peut-être la carotte arc-en-ciel...

En réaction à ce productivisme ambiant, il y a des producteurs qui ont encore la passion de leur métier. Avec un peu d'audace et de témérité, on peut trouver quelques fruits et légumes dignes de ce nom. C'est difficile, il faut que la ménagère sache entreprendre son parcours du combattant. Prenons le cas de la famille Seuru. Thierry et son frère ont l'amour du métier dans le sang, ils produisent salades, carottes, navets, céleris, radis et poireaux dans la Sarthe. Les grossistes font des kilomètres pour leurs salades ; épanouies, elles affichent une mine superbe, de belles feuilles larges et brillantes et ne s'avachissent pas au bout de 48 heures. Leur secret : une méthode de culture peu conventionnelle. Thierry Seuru désinfecte les sols à la vapeur d'eau, une technique ancienne utilisée par son grand-père il y a déjà vingt-cinq ans, modernisée grâce à un outillage spécifique, coûteux. Le sol est chauffé à 70 °C, plus de mauvaises herbes ni de champignons. Les plants de salades – bio – sont ensuite enfouis dans un sol sain. Cette méthode divise par deux, voire trois, les traitements chimiques. À Rungis, ils sont les seuls à utiliser cette technique. Si vous y allez, vous ferez rapidement la différence, simplement en regardant celles des voisins. Pas de machine pour le ramassage. La main, et seulement à la taille requise.

La mirabelle de Lorraine nous offre un bel exemple de ce qu'on peut faire pour modifier le cours des éléments. Ce fruit était en perdition, au bord de la disparition, condamné, concurrencé par la prune des vergers industriels du sud de la France. « Pas rentable », nous disait-on. Au début des années 1980, une poignée de jeunes Lorrains audacieux décida de replanter des mirabelliers, selon la tradition culturale, dans le terroir, et en respectant les saisons. La mirabelle de Lorraine ne se commet pas à Noël et à Pâques, elle entre en scène à la mi-août pour quatre ou cinq semaines, pas davantage. Elle débarque sans prévenir, petite tunique jaune, joues roses, elle respire le bonheur. Elle ne triche pas avec la nature, selon les aléas climatiques, il y a de bonnes et de mauvaises années, avec leurs lots de joies et de déceptions.

Vous me croyez pessimiste, alors vous me collez le bio sous le nez. Sachez qu'« il y a, selon Claude Imbert, deux bio, le bio à deux vitesses : traditionnel et industriel. Ce dernier se développe plus vite que le premier, il se limite au cahier des charges techniques mais ne tient pas compte de l'impact global et sociétal ». Toujours en promenade du côté de Huelva, vous pourrez voir à côté des usines à fraises standard pousser des fraises bio ; elles sont cultivées comme leurs cousines, hors sol, avec les mêmes immigrées exploitées, et les mêmes techniques agricoles, mais elles bénéficient du rassurant label AB.

Claude Bourguignon, ingénieur agronome, ancien collaborateur de l'INRA, connu pour ses études sur la microbiologie des sols et fondateur du LAMS (Laboratoire d'analyse microbiologique des sols) et sa femme Lydia parcourent la planète et auscultent les terres depuis plusieurs années. Aujourd'hui, ils estiment qu'il ne reste plus que 1 % des sols cultivés « en bon état ». « Depuis qu'ils cultivent la terre, les hommes ont causé la désertification de 2 milliards d'hectares, dont 1 milliard au seul XXe siècle, à cause des méthodes de l'agriculture intensive et de l'utilisation à outrance des engrais et des produits dits phytosanitaires. » Claude Bourguignon affirme qu'il est encore temps d'agir, en passant progressivement à l'agriculture biologique. À condition, préalablement, de restaurer les sols en abandonnant le labour, en instaurant les rotations de cultures et en implantant systématiquement des « semis sous couverture » destinés à étouffer les mauvaises herbes, à protéger de l'érosion et à nourrir la terre. Ce n'est qu'à ce prix, pour lui, que la terre pourra recommencer à respirer et à se régénérer.

Si vous voulez faire le tri entre le bon et le mauvais bio, il faut savoir qu'en France on importe des produits bio depuis 2009, en grande partie, de l'Italie, de l'Espagne et du Maroc. Certes, il existe une réglementation européenne, et des organismes certificateurs. Pour obtenir une autorisation d'exportation, il faut montrer patte blanche, mais sommes-nous protégés des fraudes possibles ? Quand on sait qu'en France un producteur bio est contrôlé en moyenne 1,6 fois par an et que les contrôles se font seulement à l'improviste dans 33 % des cas. Nous avons de la chance, en Espagne, seulement 17 % sont contrôlés, et 3 % en Roumanie. Selon le dernier contrôle de la DGCCRF (Direction générale de la concurrence, de la consommation et de la répression des fraudes), en 2010 – cet organisme a été décapité malheureusement depuis cette date –, 9,2 % des poires, pommes, raisins et tomates bio contiennent des résidus de pesticides. C'est peu, comparé au 78 % des fruits et légumes non bio, mais pour les pesticides, la France est championne, notamment pour le raisin, les baies (fraises, framboises, myrtilles), la laitue et le poivron.

Il y a effectivement quelques signes officiels de qualité, qui ont été décernés surtout à des productions locales : reines-claudes, mirabelles de Lorraine, pêches et nectarines de la Drôme. Pourquoi se contenter d'un Label rouge alors que le mieux serait de faire des efforts supplémentaires pour obtenir une AOC qui impose un regroupement des producteurs volontaristes, des exigences d'exemplarité. Les producteurs de fromages s'y maintiennent coûte que coûte, pourquoi pas ceux des fruits et des légumes ? Un effort, s'il vous plaît.

Difficile d'échapper aux mailles de plus en plus serrées des productivistes. Ne jugez pas les fruits sur leur apparence. Renouez le dialogue, parlez avec votre maraîcher, demandez l'origine des produits, encouragez les petits producteurs locaux lors des ventes directes en hausse constante, privilégiez les fruits et les légumes de proximité, synonymes de qualité, présentant peu d'empreintes écologiques de transport, des fruits et des légumes de saison qui sont arrivés à maturité sur place et sans avoir subi des centaines de kilomètres dans des cageots.

Pensez à vos enfants. L'étude publiée par l'ASEF (Association santé environnement France) devrait vous alerter, un enfant sur cinq est touché par un problème de surpoids ; que les bourrelets des petits Américains et Anglais ne nous fassent pas oublier ceux des petits Français. Ces pauvres gosses ne savent pas ce qu'ils mangent. Ils ont du mal à citer une dizaine de fruits et légumes, « un écolier sur trois ne sait pas identifier un poireau, une figue, un artichaut ». Quant aux produits transformés, ils ignorent que les frites s'obtiennent à partir de pommes de terre et que les betteraves ne poussent pas en petits cubes directement dans des sachets en plastique. Si ces informations ne vous paniquent pas...

Il serait peut-être urgent de prendre vos responsabilités.

Chapitre 6

Les conserves et les surgelés

Les conserves

La *vox populi* prétend que les conserves sont des produits vieillissants, dépassés, or leur volume de vente n'a jamais baissé, il y aurait même des frémissements d'augmentation.

Le mot « conserve » apparaît en 1359, dans un cadre alimentaire. La plus ancienne méthode de conservation était la dessiccation au soleil, autrement dit, la suppression de l'humidité des aliments. Historiquement, il se pratiquait cinq méthodes de conservation, elles ont chacune fait leurs preuves et sont encore toutes en exploitation.

— Le séchage : encore utilisé pour les poissons et certains fruits secs. Techniquement, on est passé du plein air à l'étuve.

— La salaison : concerne la viande de porc, quelquefois le bœuf, occasionnellement le poisson.

— Le boucanage ou fumage : toujours et encore artisanal, dans une cheminée.

— La graisse et l'huile : évite l'oxydation.

— Les antiseptiques : sucres, alcool et vinaigre.

Ces procédés modifient sensiblement le goût initial du produit.

Dans l'esprit de Nicolas Appert, d'abord cuisinier puis confiseur, a germé l'idée suivante : conserver des aliments dans le temps, sans les altérer, grâce à une cuisson à plus de 100 °C. Il a commencé à travailler sur des bocaux en verre, déjà largement répandus en 1795, et sur des flacons de champagne aux goulots élargis. Après de très nombreux essais infructueux, il maîtrise enfin sa méthode et concentre ses efforts sur les petits pois, les haricots et le bouillon. Très vite, il utilise des boîtes en fer-blanc. Il passe ensuite aux fruits, à la viande et aux plats cuisinés. En 1810, il publie le premier de ses trois livres, *L'art de conserver pendant plusieurs années toutes les substances animales et végétales*, mais il ne fit jamais breveter ses recherches. Son procédé est pillé par le monde entier. Il meurt seul, le 1er juin 1841, à l'âge de 91 ans. Onze ans plus tard, son neveu dépose un brevet permettant une stérilisation sécurisée des produits à plus de 100 °C, une sorte de grosse Cocotte-Minute, marquant ainsi le début de la conservation industrielle.

Si le succès de la conserve représente une véritable révolution, c'est que celle-ci a très vite permis la conserve artisanale, qui rendait possible la consommation de fruits et de légumes toute l'année, sans avoir à subir les aléas climatiques. N'oublions pas qu'à cette époque une part essentielle de la nutrition des familles était fournie par les récoltes que celles-ci pouvaient espérer.

Chaque année sortent des entreprises hexagonales plus de 4 milliards de boîtes. Peut-on encore prétendre que la conserve est ringarde, démodée ? C'est oublier un peu vite l'histoire.

Essayons de résumer les différents procédés de conservation modernes :

— L'appertisation : méthode qui consiste à chauffer entre 100 et 150 °C un aliment enfermé dans un bocal ou une boîte métallique. Son but est d'éliminer les bactéries, les levures et les enzymes qui pourraient altérer l'aliment.

— La semi-conserve : destinée à une conservation courte, chauffée à 65 et 75 °C, se conserve au rayon frais. Elle a l'avantage de garder les qualités organoleptiques.

— La technique UHT (ultra haute température) : les produits à conserver sont chauffés quelques secondes seulement à une température de 135 °C.

— La pasteurisation : déclinaison de l'appertisation, requiert des températures inférieures, entre 65 et 100 °C.

— Le sous-vide : consiste à soustraire les aliments de l'oxygène.

Aujourd'hui encore, la conserve reste le moyen le plus économique et le plus sain pour s'alimenter. On a beau évoquer la diversité, les tendances culinaires, la cuisine moléculaire, les Français sont toujours ultra-classiques, puisque depuis des générations les plats préparés les plus consommés sont le cassoulet, les saucisses lentilles, la blanquette, les raviolis… en boîte.

Après ces lignes d'histoire et de louanges, passons à l'actualité et à nos préoccupations : quels sont les ingrédients utilisés pour remplir les boîtes ou les bocaux de conserve ? Le cœur des professionnels est unanime : « Les mêmes que les autres, mêmes origines. » Voilà bien de quoi s'inquiéter ! « Les saucisses du cassoulet sont de même qualité que celles vendues chez le charcutier ou au rayon traiteur », surenchérissent-ils. Rien de rassurant non plus ! C'est quand on aborde le sujet de la viande utilisée, dans les raviolis par exemple, que nos interlocuteurs sont moins loquaces et convaincants. Ils n'ont pas tort car il n'y a aucune origine attestée. La viande peut venir de France, de Navarre, de Pologne, d'Allemagne, d'ici ou d'ailleurs, au meilleur prix, sous forme de « minerai ». Elle peut même venir de Roumanie et faire croire qu'elle est de bœuf alors qu'elle est de cheval. Comme ces importations qui défraient la chronique depuis le mois de février 2013. Pour mémoire, il est quand même bon de rappeler que le minerai est un amalgame qui peut contenir du « maigre », du « gras », du « collagène », et des « os broyés ». On nous l'a avoué, mais à mots très couverts. C'est mieux de rester discret, car ces derniers sont interdits dans le code des usages pour les viandes hachées, ainsi que les muscles du cœur et les abats. Nous avons même entendu certains professionnels jurer que si, par extraordinaire, le ravioli en contenait, « il s'agissait d'un défaut de la machine ou d'une escroquerie ». Et pour nous convaincre, de rajouter, « sur les anciennes VSM (viandes séparées mécaniquement), il y avait de la poussière d'os quand on travaillait mal, mais quand c'est bien fait il n'y a aucun problème ». Vous y croyez, vous ?

Le dimanche soir, à l'heure du dîner, si on regarde le journal télévisé et qu'un abattoir a autorisé la venue des caméras (rarissime), on peut voir en gros plan la texture évoquée ci-dessous : un bac d'aponévroses. Ce n'est pas un gros mot, rassurez-vous. Le *Petit Larousse* précise qu'il s'agit de membranes qui servent à envelopper les muscles et à les fixer aux os. Essayons d'être plus précis. Imaginez que vous soyez dans un atelier de découpe : les beaux quartiers défilent sur des tapis pour être transformés en entrecôtes, en filets ou en tournedos. Cette découpe entraîne inévitablement des chutes. Hors de question de les appeler ainsi, sinon les esprits malveillants penseraient qu'on les a ramassées sur le sol de l'usine. Ce sont des restes de découpe, gras, nerfs. Bravo la pudeur ! Ces « chutes » ne sont donc pas jetées mais conservées, mises de côté, et prennent le nom d'aponévrose. C'est la matière principale du minerai de viande. À regarder, même à la télévision, on peut trouver plus glamour, et imaginer que cet amas de nerfs et de gras constitue la farce des raviolis ou des lasagnes peut éventuellement déconcerter. Soyez sérieux, vous ne pensez tout de même pas qu'à 2 euros la boîte de raviolis on allait les farcir avec de l'entrecôte et de la bavette d'aloyau ? En fait, ces raviolis contiennent de 3 à 5 % de maigre de viande. En soit, le produit n'est pas mauvais, mais plus le prix est bas, moins il y a d'ingrédients nobles. S'il est possible de rogner sur la matière première, pourquoi se priver ?

Il n'y a pas que le minerai, d'autres ingrédients sont utilisés. Du trompe-l'œil, de l'eau et de l'air, faciles à se procurer, à des coûts imbattables, et sans aucune contrainte des marchés. Honnêtement, il faudrait être fou pour s'en passer. L'eau et l'air sont les mamelles pérennes des procédés industriels qui permettent de faire baisser les prix de revient.

Injecter de l'eau ou de l'air, si c'est pour faire baisser les prix de revient et que le consommateur en profite, et si ça ne nuit pas à sa santé, pourquoi pas. Mais exagérer, comme ce fut le cas avec le jambon, a été suicidaire pour certaines entreprises : on injectait dans 100 kg de jambon de l'eau et de la saumure, puis, après barattage, on obtenait 150 kg de vacherie qui était revendue au prix du jambon. Vendre de l'eau au prix du jambon, voilà qu'elle était bonne l'idée. Dans le monde de la conserve, plutôt que d'ajouter des additifs ou du sucre, comme on le dit bien souvent à tort, on a une fâcheuse tendance à ajouter de l'eau. C'est moins cher et moins nocif.

La sauce tomate, qu'elle soit directement en boîte ou en garniture de raviolis ou de lasagnes, est souvent aqueuse, vous l'avez constaté, elle manque de texture, de corps, forcément, elle est coupée à l'eau. L'inconvénient de ces rajouts d'eau, c'est la perte du goût. Alors on ajoute, on bombarde même d'arômes, de sel, des cache-misère. Les conserves ne sont pas réservées aux raviolis, tant s'en faut ! On trouve dans cette catégorie les fruits et les légumes. Ils sont pour ainsi dire sans défauts, sinon leur teneur en sel et en sucre. Le processus de conservation implique la mise en saumure, qui augmente automatiquement la teneur en sodium ; voilà la raison pour laquelle il est recommandé de les rincer avant de les consommer.

Autre inconvénient, le traitement thermique appliqué aux fruits et aux légumes, qui détruit de 30 à 50 % des vitamines, selon la nature de l'aliment. Les minéraux résistent mieux à la chaleur mais se perdent dans l'eau de dissolution, aussi, il est vivement recommandé d'utiliser cette eau pour faire des soupes ou le sirop des compotes. Les légumineuses seules échappent à ces inconvénients, les lentilles, haricots rouges et pois chiches supportent fort bien la mise en conserve et leur valeur nutritive, qu'ils soient en boîte ou non, est identique. C'est cette raison qui a sans doute assuré le succès du cassoulet, des saucisses lentilles et du chili con carne ! Il faudrait probablement peu de chose pour que la conserve redevienne « tendance », comme ils disent : valoriser la qualité diététique, organoleptique et nutritionnelle des conserves, ainsi que celle des matières premières, repenser certaines recettes pour profiter au mieux de cette immense invention, et surtout mettre au travail quelques chercheurs pour tenter de trouver un produit de substitution au vernis d'étanchéité qui recouvre l'intérieur des boîtes, et qui est directement en contact avec les aliments. Ce vernis contient du bisphénol A (BPA, composé chimique). Ce BPA est accusé d'être un perturbateur endocrinien qui sournoisement modifierait le métabolisme et serait responsable de la baisse de la fertilité masculine, de la puberté précoce chez les jeunes filles et aussi de l'augmentation des kystes des ovaires chez les femmes. Ces effets néfastes interviendraient sur le cerveau, le métabolisme des glucides et des lipides, et sur les systèmes cardio-vasculaires et immunitaires. Enfin, il favoriserait les cancers du sein et de la prostate. L'exposition au BPA serait, dit-on, très préoccupante chez les femmes enceintes et les nourrissons. Si le bisphénol A est responsable de tous ces maux, on peut se demander pourquoi les instances intéressées par ces enquêtes n'interdisent pas son utilisation. Les lobbies de la conserve sont encore puissants, quand on évoque avec les industriels français le BPA, ils répondent qu'il s'agit d'élucubrations purement françaises. Pourtant, le rapport de l'ANSES est assez précis : « Les effets identifiés portent sur une modification de la structure de la glande mammaire chez l'enfant à naître, qui pourrait favoriser un développement tumoral ultérieur. » Les recherches ne datent pourtant pas d'hier, les études ont déjà dû être entreprises, on devrait avoir le recul nécessaire pour prendre une décision. Les travaux sur la conserve vont bon train, ceux qui sont menés par Katia Gédéon, au centre de recherche des cordeliers (INSERM, université Paris-V, Paris-VI, et Paris-VII), en 2012, révèlent que le BPA affecterait l'émail des dents des enfants.

Ne croyez pas que toutes ces enquêtes, ces études restent dans les coffres des chercheurs, les résultats sont régulièrement communiqués aux industriels, qui seront bientôt obligés d'activer des recherches puisque, en France, l'Assemblée nationale a adopté, en octobre 2012, en première lecture, une proposition de loi visant à la « suspension de la fabrication, de l'importation, de l'exportation et de la mise sur le marché de tout conditionnement à vocation alimentaire contenant du bisphénol A ». Une mesure qui devrait entrer en vigueur à compter du 1er janvier 2014, si la loi est votée et le décret rapidement signé. Cette mesure concerne pour le moment uniquement le territoire français. Cette décision est importante, elle nous laisse espérer, je dis bien espérer, qu'elle puisse se généraliser en Europe et que l'EFSA finisse par modifier la dose journalière tolérable du bisphénol A.

Toujours dans l'objectif de réduire les coûts, les conserveurs comme les autres industriels utilisent de l'huile de palme. En France, la simple évocation de cet ingrédient fait maintenant frémir, bien que le rejet qu'elle suscite ne semble pas avoir d'autre équivalent dans le monde. Conséquence : de nombreuses entreprises agroalimentaires ont décidé d'y renoncer, appuyant en cela par d'importantes campagnes de communication. Attention, toutefois, à la législation, qui n'autorise la mention « sans huile de palme » que sur des produits existants dont on l'a supprimée. Un produit créé aujourd'hui sans huile de palme ne peut pas bénéficier de cette mention particulière. En France, le rejet est avant tout fondé sur l'angle nutritionnel, nous sommes le seul pays à argumenter dans ce sens. Lorsque les premières alertes furent lancées sur les ravages de l'huile de palme par Greenpeace, WWF, et quelques autres ONG écologistes, elles n'évoquaient que la déforestation et la protection des orangs-outans, rien concernant la santé. Actuellement, la surface d'exploitation des palmiers à huile est évaluée à 13 millions d'hectares, principalement en Indonésie et en Malaisie. Depuis 2008, une production durable d'huile de palme a été lancée, ce qui prouve que la réaction, considérée comme excessive, des consommateurs français, était efficace et loin d'être blâmable. Si on veut manger des cœurs de palmier parfaitement écolos, il faut acheter brésilien. La société Royal Palm, dans ce pays, exploite le long du fleuve Amazone une variété de palmier qui se régénère automatiquement à partir du tronc. Cette production est vendue en France sous la marque Rochefontaine. J'affirme qu'elle est exemplaire, ayant personnellement vérifié sur place leur production. L'huile de palme fait florès en raison de son faible coût, de ses qualités de conservation et de son excellente texture (son point de fusion est supérieur à 35 °C). On en trouve partout, surtout sans le savoir. La réglementation en vigueur oblige seulement à faire figurer la mention « huile ou matière grasse végétale ». Cette réglementation devrait évoluer en 2014, espérons-le. On en trouve strictement dans tout, conserves, biscuits, pâtisseries, pâtes à tartiner, pâtes à tarte, plats cuisinés, margarines, la liste n'est pas exhaustive...

Son principal défaut est de contenir, en quantité non négligeable, de l'acide palmitique, un des trois acides gras saturés dont il est avéré qu'ils favorisent les risques d'accident cardio-vasculaire. Si l'on compare avec celui qui est contenu dans les autres huiles, il semble évident qu'il est préférable de s'en passer. L'huile de palme contient 45,55 % d'acides gras saturés en moyenne, l'huile de colza en contient de 2 à 8 % et l'huile d'olive de 9 à 25 %.

À l'inverse, l'huile de palme est pauvre en acides gras polyinsaturés : de 9 à 12 % et de 26 à 32 % dans l'huile de colza.

La France produit par an 2,3 millions d'aliments en conserve et en importe 150 000 tonnes, dont 80 % interviennent dans l'agroalimentaire : 610 000 tonnes de légumes, 390 000 tonnes de plats cuisinés, principalement des raviolis et du cassoulet (source ADEPALE, Association des entreprises de produits alimentaires élaborés). En 2011, le marché des plats cuisinés appertisés représentait 800 millions d'euros.

Quelque 75 000 hectares sont consacrés à la culture des légumes destinés à l'industrie de la conserve et des surgelés. Les grands bassins de production sont la Bretagne, l'Aquitaine, le Nord, la Picardie. Quatre légumes représentent les trois quarts de la production industrielle en volume : le haricot vert 30 %, le petit pois 20 %, la carotte 20 % et l'épinard 10 %. Si la France domine le secteur de la conserve avec 39 % de la production européenne, en revanche, elle arrive en deuxième position dans le secteur des surgelés, avec 15 % de la production européenne.

Les Français consomment 13 kg de conserves par an et par habitant, et seulement 8 kg de produits surgelés.

Les surgelés

Avant de commencer à lire, rappelez-vous la remarque indiscutable du grand cuisinier Raymond Oliver : « Quand on congèle de la merde, on décongèle de la merde. » Cette formule illustre parfaitement ce qu'on appelle la troisième gamme, autrement dit l'ensemble des produits congelés et surgelés, qui comme l'appertisation (la deuxième gamme) exige des produits d'une fraîcheur exemplaire.

Petit rappel pour ceux qui ignorent que la conservation par le froid n'est pas une invention récente. Dès la plus haute Antiquité, on enfouissait les denrées périssables dans les premières neiges, jusqu'à la fin de l'hiver. Alexandre le Grand mangeait des glaces aux fruits. Les Romains enveloppaient de glace et de neige les poissons du Rhin et les huîtres d'Armorique pour les transporter jusqu'à Rome, Néron dégustait des sorbets. Le principe est assez simple : des fruits écrasés avec du miel dans un récipient entouré de neige et de glace, et mélangés jusqu'à ce que la préparation soit solide. Cette méthode a probablement inspiré les constructeurs modernes. Si Monsieur Moulinex peut prétendre à l'invention de la sorbetière électrique, il n'est pour rien dans celle du sorbet. En France, jusqu'à la fin du XIXe siècle, on conservait la glace recueillie en hiver dans des glacières – on trouve trace de ces installations dans nos campagnes ; elles servent généralement de dépotoir ; au château de Versailles elles ont été restaurées, on peut les visiter.

Ferdinand Carré, un Français, invente, en 1857, la première machine frigorifique à compression ; en

1860, la première machine à absorption et à fonctionnement continu, et en 1863, la production de glace à l'aide d'un appareil frigorifique. Monsieur Carré avait de la suite dans les idées ! Avec son ami Charles Tellier, il arme un navire baptisé *Le Frigorifique* pour transporter de la viande en Argentine.

En 1929, soixante-douze ans plus tard, Clarence Birdseye, un Américain, dépose un brevet pour une nouvelle invention, la congélation rapide. Aujourd'hui même, on continue à perfectionner sa technique.

La différence entre les deux procédés :

Carré met en œuvre des températures très basses, – 20, – 30 °C, qu'on peut conserver longtemps si la température est maintenue, mais ce type de refroidissement entraîne la formation de cristaux de glace de grosse taille à l'intérieur des aliments, qui contiennent encore de 75 à 90 % d'eau. Ces cristaux provoquent des fissures qui endommagent la structure cellulaire et provoquent une exsudation lors de la décongélation. Phénomène qui arrive généralement quand vous congelez dans le bac à glace de votre réfrigérateur.

La technique de Birdseye met en œuvre un refroidissement accéléré qui multiplie les cristaux mais réduit leurs dimensions, n'endommageant pas les structures.

Aujourd'hui, nous sommes en face de quatre grandes méthodes de surgélation, avec des variantes que je vous épargnerai :

— Première méthode : les aliments sont introduits entre des plaques, à l'intérieur desquelles circule un gel frigorigène de – 35 °C. Son utilisation est destinée à des aliments peu fragiles, d'épaisseur faible et régulière – steak haché, filet de poisson, paquet d'épinards.

— Deuxième méthode : surgeler très vite des aliments de très petites dimensions au contact d'un air glacial, autrement dit injecter un temps très court de l'air à – 50 °C. Dans ces conditions, plus personne ne s'amuse, les idiomatiques sont bloqués par le gel.

On peut aussi placer les aliments sur une grille posée sur une sorte de wagonnet, qui se déplace horizontalement dans un tunnel. Un air glacial est alors introduit dans le tunnel de haut en bas, de bas en haut. On n'en réchappe pas.

Les très petits volumes, comme les petits pois, les myrtilles, ou les crevettes, qui sont légers, peuvent, pour leur part, voler. Alors on leur souffle dessus un air évidemment glacial, d'où ils ressortent dix minutes plus tard durs comme du béton.

— Troisième méthode : destinée à des produits de taille moyenne et régulière, elle consiste à emballer le produit dans un sac plongé ensuite dans un liquide à très basse température.

— Dernière méthode : promener sur un tapis roulant des aliments sur lesquels on pulvérise du CO_2 à – 196 °C. C'est aussi rapide qu'une chaise électrique.

Pour être restitués dans les meilleures conditions nutritionnelles et organoleptiques, les produits à congeler doivent l'être peu de temps, le moins de temps possible après la récolte, quelques heures. Aussi, pour les fruits et les légumes, les surgélateurs passent des contrats de culture avec des producteurs.

Pour la volaille et la viande, compte tenu du temps de maturation, on fait vite. Abattage, parage, découpage, pesée, hachage sont exécutés avec célérité et sévérité : les normes d'hygiène sont draconiennes.

Quant aux industriels du froid, ils marquent une très nette préférence pour les poissons à chair ferme et peu grasse. Les opérations se passent en mer, sur des navires surgélateurs. Pêché, trié, éviscéré, fileté, congelé. Quand on est poisson, il ne fait pas bon traîner dans les parages de ce type de bateaux si l'on veut en réchapper.

En ce qui concerne les plats cuisinés et autres préparations élaborées, les recettes, les ingrédients et les techniques sont adaptés à leurs différentes présentations.

La surgélation-congélation a l'air de présenter plus d'avantages que d'inconvénients, mais la technique et la qualité des produits utilisés ont un rapport direct avec ce qui se trouvera dans votre assiette. Voyons donc les avantages et les conseils qui peuvent vous être donnés pour apprécier un produit surgelé dans de bonnes conditions.

La surgélation ne transforme rien, elle restitue. Aussi, sur le plan microbiologique, sachez que les micro-organismes ne se développent plus au-dessous de – 18 °C, mais qu'ils ne sont pas détruits : décongelés, ils redeviennent actifs. Il est donc indispensable de respecter une hygiène rigoureuse au moment de la préparation et de ne jamais rompre la chaîne du froid, car les bactéries recommenceront à proliférer une fois décongelées. Maintenir le produit à – 18 °C du producteur au consommateur est une règle qui ne peut subir aucune dérogation.

Sachez également que, sur le plan organoleptique (aspect, consistance et goût) comme sur le plan nutritif, la surgélation est le procédé qui conserve le mieux un aliment dans son état de fraîcheur originel.

Il y a quand même plusieurs inconvénients quand on conserve longtemps des fruits et des légumes surgelés : ils subissent des altérations, leur teneur en chlorophylle se dégrade, tout comme celle en vitamine C diminue. On considère que la durée idéale de conservation à – 18 °C est de huit à douze mois pour les légumes crus et de trois mois pour les soupes et les légumes cuits. Si l'on conserve à – 12 °C, la durée de conservation sera de trois à huit fois inférieure, selon les denrées. Si les durées moyennes de stockage sont dépassées, il y a peu de risque de s'empoisonner, on constatera seulement un aspect moins appétant des produits. La DLUO (date limite d'utilisation optimale) est obligatoire, seuls les steaks hachés bénéficient de la DLC (date limite de consommation), soit environ neuf mois après la surgélation à – 18 °C, évidemment. Le maintien de la chaîne du froid est donc le risque majeur.

Est-ce que les entrepôts, dont la température exigée par la réglementation, de – 25 à – 30 °C, n'ont pas, pour faire des économies, la tentation de la réduire ? Est-ce que les véhicules de transport, équipés pour préserver le froid, se conforment bien aux règles sévères ? Est-ce que la tentation de réduire la consommation du gasoil en diminuant la température ne les effleure pas ? Est-ce que tous les restaurants qui utilisent le congelé sont équipés de chambres négatives susceptibles de contenir les produits à – 20 °C ? Laissez-moi en douter !

Les meubles frigorifiques, les bacs ouverts ou les armoires vitrées, présents dans les magasins de vente au détail, doivent être équipés de thermomètres que les vendeurs et les consommateurs puissent contrôler. Les consommateurs ne le font quasi jamais car les thermomètres ne sont guère décelables, quant aux vendeurs, ils ne sont pas formés à vérifier convenablement les températures. Les températures ? Il y a longtemps, certaines grandes surfaces coupaient l'électricité pendant la nuit et les week-ends, ce temps-là est paraît-il révolu.

Les spécialistes nous informent que des incidents de faible amplitude, répétés tout au long de la chaîne, auraient des conséquences plus graves qu'un dépassement de température important mais de courte durée. Un petit écart de température dans le transport, une palette oubliée à la sortie du quai de déchargement, des linéaires surchargés, un entrepôt dans lequel le froid a des difficultés à circuler : le mal s'installe, mais le consommateur n'en sait rien. Petits incidents difficiles à vérifier.

Le marché de la surgélation est encore peu important, comparé à la conserve traditionnelle. En dépit des apparences, les surgelés ne représentent pas d'énormes volumes – 2,1 millions de tonnes. Ils sont réservés à un type de consommateur particulier, plutôt urbain dans les grandes villes et généralement CSP+ (catégorie socioprofessionnelle favorisée). Et quand des scandales du type de celui de la viande de cheval apparaissent, c'est le rayon des surgelés qui accuse une baisse sur les plats cuisinés et pas la conserve, même si généralement, entre les raviolis appertisés et ceux qui sont surgelés, les ingrédients utilisés sont les mêmes. Les légumes et les produits de la mer connaissent dans ces rayons la plus forte progression, entre 3 et 10 %, mais le produit-phare est... est... la pizza ! 62 % : la star absolue dans vingt-deux pays. Faites le bon choix dans la pizza. Sur l'emballage, vous pouvez voir, « mozzarella »,

« chèvre », « jambon » et « emmental ». Sur l'emballage, car bien souvent les fromages sont remplacés par du synthétique. Certes, leur nom est poétique : « fromage analogue ». Analogue, « qui ressemble », plutôt, « qui a la même apparence »... Ces fromages « analogues » sont apparus dès 2007. Les prix du lait flambaient, Cargill, un fabricant américain, l'inventait, et depuis c'est la fortune pour lui, et le bonheur pour l'industrie agroalimentaire. Cet ersatz est concocté avec des graisses végétales bon marché comme l'huile de palme, du sel, des amidons, des exhausteurs de goût, et quand même 15 % de protéines de lait. Cet ersatz, donc, coûte 200 fois moins cher qu'un vrai produit authentique. Il peut rappeler le goût des vrais fromages à pâte dure, comme le gouda, le cheddar ou le gruyère. Avec sang-froid, Cargill affirme : « Le client y trouve le même plaisir. »

Les bonnes pizzas existent, elles sont un peu plus chères, mais incontestablement meilleures, cherchez-les. Sinon, passez votre chemin, il n'y a rien à déguster.

Vous l'avez compris, en général, dès l'instant où l'on a oublié les pizzas, les produits surgelés sont sains et sans risque, et parfois même de meilleure qualité que les produits dits « frais ». Si vous achetez des légumes qui ont séjourné plusieurs jours en magasin, autant dans votre réfrigérateur, il y a peu de chance que vous vous régaliez, alors que dans le même produit surgelé vous aurez encore un peu de vitamines. C'est la durée de conservation qui fait l'essentiel de la différence. Les denrées appertisées se gardent de deux à cinq ans, sans modification des qualités organoleptiques des aliments, alors que les mêmes se dégradent entre un et deux ans dans un congélateur. Il y a quelques arnaques qui perdurent, une particulièrement, qui consiste à passer une deuxième fois des produits déjà surgelés dans le tunnel de surgélation : après les avoir aspergés d'eau, le poids augmente. On vous l'a dit, l'eau et l'air sont la panacée de l'industrie. En ce qui concerne les plats préparés, conserves ou surgelés, tout dépend de la qualité des produits mis en œuvre. Si on veut tricher, on utilise les mêmes pratiques que les industriels de la tambouille, on les connaît, on en a parlé. Que faire ? Elles sont tolérées.

Quelques conseils élémentaires en guise de conclusion !

— Avant de partir faire vos courses, faites une liste de vos besoins, soyez précis ; vérifiez la liste des ingrédients des recettes que vous avez l'intention de réaliser.

— Prenez le temps pour faire vos achats. « Les courses en vitesse n'engendrent jamais l'économie. »

— Réduisez les tentations au strict minimum.

— Avant de commencer vos achats, faites un tour rapide, que ce soit sur un marché ou dans une grande surface. Vérifiez les promotions, soyez attentif au prix, un écart de prix peut se justifier par une quantité différente de pièces dans un même paquet. Profitez-en pour vérifier la composition, l'origine.

— Lisez les étiquettes soigneusement. Si une composition vous étonne ou vous interpelle, cherchez un autre produit. Les arômes naturels sont toujours précisés, alors que les arômes artificiels ne le sont pas.

— Vérifiez toujours les DLC (date limite de consommation) des produits. N'oubliez pas que les yaourts peuvent se consommer 15 jours après la date limite indiquée sur l'emballage.

— Rappelez-vous que nous ne sommes plus en temps de guerre et que les stocks importants dans l'armoire à épicerie sont inutiles, les produits de première nécessité sont toujours disponibles.

— Cuisinez vous-même le plus souvent possible. Les plats cuisinés sont souvent plus chers que ceux que vous pouvez élaborer vous-même.

— Cuisinez les restes pour faire des économies. La préparation d'un hachis Parmentier est facile et se conserve 48 heures dans un réfrigérateur.

— Privilégiez en toute circonstance les produits de saison, ils sont toujours moins chers.

— N'hésitez pas à interroger les commerçants sur l'origine des produits, ils se doivent de répondre à vos questions.

— Pour les fruits et les légumes, privilégiez les origines de proximité, les longs voyages ne les améliorent jamais.

— N'oubliez jamais qu'en fin de marché on peut faire des affaires et marchander. Les primeurs en général n'ont aucun intérêt à conserver les légumes en réserve.

— Quand vous achetez un produit surgelé, gardez en tête la sentence de Raymond Oliver : « Quand on congèle de la merde, on décongèle de la merde ». Ne vous exonérez pas de lire l'étiquette d'un produit surgelé, et veillez à bien respecter la chaîne du froid.

— Si vous privilégiez les produits surgelés, munissez-vous d'un sac isotherme ou d'une glacière et achetez-les toujours à la fin de vos courses.

— Sortez toujours de votre réfrigérateur les produits à cuisiner une heure avant la mise en œuvre.

Index

11046

Composition
NORD COMPO

Achevé d'imprimer en Slovaquie
par NOVOPRINT SLK
le 9 mars 2015.

Dépôt légal mars 2015.
EAN 9782290102039
L21EPLN000616N001

ÉDITIONS J'AI LU
87, quai Panhard-et-Levassor, 75013 Paris

Diffusion France et étranger : Flammarion